Cómo Cultivar su Relación
Matrimonial

PROVERBIOS 24:3-2

"Con sabiduría se construye la casa,
y con inteligencia se ponen sus cimientos;
con buen juicio se llenan sus cuartos
de objetos valiosos y de buen gusto."

Jorge y Lorena Gamboa

Free in Christ Ministries International
Ministerios Libres en Cristo

Diseño de la Cubierta y edición de texto:
FicmiProductions Media Center
Free in Christ Ministries Intl. Inc.
www.ficmiproductions.com

ISBN-13: 978-0-9824981-8-7

Printed in the United States of America

Impreso en los Estados Unidos de América

A todos aquellos que están desanimados
y frustrados en sus relaciones de pareja.
Hay una salida.

El amor romántico por si solo no garantiza el
éxito en el matrimonio. No te cases de quien te
enamoras...enamórate de quien te casas.

Revise cómo es su vida y cómo usted reacciona
estando bajo presión.
Ese es el verdadero usted.

Introducción

La mayoría de personas que vienen a consejería, están muy preocupados con respecto a la forma de ser de su cónyuge, y cómo hacer para que él o ella cambie. Esta actitud produce mucha frustración porque el cónyuge "no cambia" como nosotros quisiéramos y entonces genera un tipo de ansiedad que limita las opciones y reduce la capacidad de disfrute de la vida. Debemos entender que nosotros no tenemos el poder de cambiar a nadie. El cambio debe iniciar dentro de nosotros mismos. Cambio genera cambio. Por muchos años luchamos mi esposo y yo en ver quien cambiaba a quien, y quien daba el primer paso. La Biblia dice en Colosenses 3:13: *Sopórtense unos a otros y perdónense unos a otros, si alguno tiene queja contra otro. De la manera que Cristo os perdonó, así también háganlo ustedes."* La llave está en aceptar la manera de ser del otro. Y añadir a lo positivo que el otro tiene. Si cada día nos propusiéramos agradecer, alabar y reconocer algo bueno en nuestros cónyuges, el cambio iniciaría. Estamos hablando de características en cuanto a la forma de ser, personalidad o temperamento. No estamos hablando de vicios, adicciones, violencia doméstica o actitudes destructivas. En ese caso hay que buscar ayuda inmediata, esencialmente espiritual y profesional.

7

Índice

Capítulo Uno

La Actitud

Usted NO tiene un problema,
Su esposo NO tiene un problema
AMBOS TIENEN un Reto

Desarrollando una Buena Actitud

La actitud es definida como el estado de la disposición nerviosa y mental, que se organiza a partir de las vivencias pasadas y que orienta o dirige la respuesta de un sujeto ante determinados acontecimientos. La actitud es una motivación social donde a partir de la experiencia, las personas adquieren una cierta predisposición que les permite responder ante los estímulos. Por lo tanto, vivencias dramáticas, negativas y nocivas, determinan actitudes destructivas. Si sanamos nuestras experiencias del pasado, soltando el peso emocional que estas produjeron, podremos desarrollar actitudes positivas y fructíferas en la vida.

Desarrollar una actitud tolerante y humilde conlleva a la resolución de problemas y al alcance de las metas. Lo primordial es conocer los puntos fuertes de cada quien; luego formular decisiones intencionadas cada día con respecto a un punto en común. No pretendan cambiar varias cosas a la vez. Enfóquense en una... y pongan su energía y esfuerzo en esa una. El éxito de un matrimonio es saber reconocer, aceptar y también soltar lo que no podemos cambiar. Para eliminar entonces este tipo de ansiedad en el Matrimonio, la pareja debe asumir una actitud de tolerancia y respeto por las ideas y conceptos del cónyuge. Oren al Señor para que les de discernimiento a ambos y hablen sobre el tema con libertad y con paciencia, hasta que logren encontrar respuestas en los que ambos estén de acuerdo.

La misión de ambos es distinta. El hombre como cabeza y la mujer como ayuda idónea. (Nunca al contrario) La ansiedad y el estrés surgen cuando tenemos un concepto equivocado de esas funciones específicas. El hombre como cabeza de hogar debe tener estrategias para darlas a su esposa. Si el no guía, alguien más tenderá que tomar ese lugar. Ser cabeza no es imponer un criterio simplemente porque es el cabeza del hogar. Ser el líder del hogar no implica una autoridad absoluta de voluntad sobre la esposa, sino más bien un liderazgo que guía a su esposa a conclusiones y decisiones basadas fundamentalmente en la palabra de Dios. El cabeza de hogar: provee, cuida, tiene metas definidas y desarrolla estrategias. La mujer como ayuda idónea, toma todo lo anterior, lo apoya y lo desarrolla. Haciendo un trabajo en equipo.

Si has estado tratando de "cambiar" a tu cónyuge a tu manera, pídele perdón y toma la decisión de ser más tolerante y paciente con él o ella. No juzgues ni maltrates ni critiques a tu cónyuge porque piensa diferente a ti.

Recuerda que dos cabezas no pueden liderar, pero si pueden pensar mejor que una sola. Une tus pensamientos con los de tu cónyuge y tendrá una visión mucho mayor para resolver cualquier problema en la vida.

La actitud es definida como el estado de la disposición nerviosa y mental, que se organiza a partir de las vivencias pasadas y que orienta o dirige la respuesta de un sujeto ante determinados acontecimientos. La actitud es una motivación social donde a partir de la experiencia, las personas adquieren una cierta predisposición que les permite responder ante los estímulos. Por lo tanto, vivencias dramáticas, negativas y nocivas, determinan actitudes destructivas. Si sanamos nuestras experiencias del pasado, soltando el peso emocional que estas produjeron, podremos desarrollar actitudes positivas y fructíferas en la vida.

Filipenses 4:8– nos exhorta a lo siguiente: " *Por lo demás, hermanos, piensen en todo lo que es verdadero, en todo lo honesto, en todo lo justo, en todo lo puro, en todo lo amable, en todo lo que es digno de alabanza; si hay en ello alguna virtud, si hay algo que admirar, piensen en ello.*

La Biblia nos enseña como desarrollar buenos hábitos hacia el desarrollo de una buena actitud en la vida. Si cada pareja pensara en lo verdadero, lo honesto, lo justo, lo puro y lo amable, y si pensaran en las cosas dignas de admirar de su cónyuge, habrían menos crisis matrimoniales.

Tenemos que actuar con intencionalidad. A propósito. Para obtener resultados alentadores, tenemos que ser intencionales en lo que hacemos. Debemos proponer en nuestro corazón : pensar en lo verdadero y lo honesto. En todo aquello que sea digno de alabanza.

El pensamiento pesimista es sólo un hábito negativo que se ha desarrollado durante muchos años. Pero ten en cuenta que cada hábito negativo puede ser cambiado a uno positivo. Cómo renovando tu mente.

Cuando venga a ti un pensamiento feo, malo y contrario a lo que Dios realmente piensa de ti o de una situación especifica, toma la decisión de aniquilar de una sola vez ese pensamiento. No lo alimentes ni lo incrementes. Deshazte de ello inmediatamente. Y deposita en su lugar lo opuesto.

Cómo lograrlo

¿Cómo puede una pareja mantener lo suficientemente alto su nivel de amor como para experimentar amor romántico? Las parejas necesitan aprender como depositar las muestras de amor de la manera correcta. Ahora, ¿Será suficiente ese amor para mantener una relación? Proverbios 24:3 nos instruye sobre cómo edificar correctamente una familia. Dice así: *"Con sabiduría se construye la casa, y con entendimiento se ponen sus cimientos; con conocimiento se llenan sus cuartos de objetos valiosos y de buen gusto."* Este versículo encierra una verdad y una enseñanza de gran valor.

Allí dice que es con SABIDURIA que se construye la casa. No dice que es con dinero, ni con personalidades afines, ni siquiera con amor romántico. Se construye con sabiduría.

1. Obteniendo Conocimiento: Para desarrollar sabiduría, la pareja debe comenzar obteniendo conocimiento. Conocimiento de sí mismos, del uno al otro y conocimiento con respecto a cómo cultivar una relación duradera.

"Por eso mi pueblo fue llevado cautivo: por su falta de conocimiento." Isaías 5:13

Muchas parejas están cautivas y atadas en ciclos destructivos porque sencillamente no han agregado conocimiento a su relación. El conocimiento incluye el obtener información, aprenderla, acumularla y procesarla. Ese es el primer paso.

2. Obteniendo Entendimiento: Una persona puede tener todo el conocimiento, pero si no entiende lo que aprende.. Se convierte solamente en una fuente de datos. Para que las personas puedan salir de situaciones adversas y destructivas, tienen que saber y entender el proceso por el cual están pasando. Todo lo que aprenden tiene que ser procesado, antes de ser aplicado. Los solteros debería entender la importancia de convertirse en ese hombre o mujer que deben ser antes de casarse. Mejorando cada día. El propósito de Dios para usted NO es buscar pareja.... Sino que usted sea la perfecta pareja. El entendimiento hace que la persona discierna y discrimine la información que ya sabe. Cuando llega a entender, comienza el viaje hacia el actuar.

3. Obteniendo Sabiduría: Hay dos tipos de sabiduría: Humana y Divina. La sabiduría humana se obtiene por medio de la experiencia. Esa experiencia generalmente esta acompañada de enseñanzas aprendidas durante procesos unos intensos, otros dolorosos. Por eso si hemos sido dañados en el pasado, nuestras emociones han sufrido un deterioro. Por eso es necesario sanar nuestras emociones.

Por el contrario, la sabiduría que proviene de Dios es eficaz.

¡Qué profundas son las riquezas de la sabiduría y del conocimiento de Dios! Romanos 11:33
"No es que nos consideremos competentes en nosotros mismos. Nuestra capacidad viene de Dios." 2 Corintios 3:5(NVI)

Santiago 1:5 "Si alguno de ustedes requiere de sabiduría, pídasela a Dios, y él se la dará, pues Dios se la da a todos en abundancia y sin hacer ningún reproche." Esa sabiduría según Dios: SOFIA (en el Griego Koiné original del Nuevo Testamento) y khok·mä (en el Hebreo Original del Antiguo Testamento) se refiere a:

1– Aplicación del conocimiento variado de las cosas humanas y divinas, adquirida por medio de la experiencia. Esta experiencia, dada por Dios.

2– Es la habilidad de parte de Dios de resolver y manejar diversos asuntos.

3– es la aplicación del conocimiento practico de los requisitos para una vida piadosa, por medio de una inteligencia suprema.

4– Este tipo de sabiduría también incluye el acto de la interpretación de los sueños y dar el consejo más seguro en el momento preciso.

Hay personas que tienen mucho conocimiento pero que no saben como aplicarlo a las situaciones reales de su vida cotidiana. Son Conocedores sin sabiduría. Son sabiondos pero no son sabios. Carecen de prudencia y entendimiento.

Si en tus relaciones interpersonales o de pareja, no hay elementos necesarios para construir y edificar una casa, esa relación no irá para ningún lado. Es efímera y está propensa a desaparecer. Comienza hoy a adquirirla.

Identificando el Problema

" Sabemos que Dios dispone todas las cosas para el bien de quienes lo aman, a los cuales él ha llamado de acuerdo con su propósito." Romanos 8:28

Lo primero que hay que hacer hacia la resolución de un problema es identificarlo. Sin embargo, no mire su problema como tal, sino que visualícelo como un reto y no como un obstáculo. El obstáculo te detiene y disminuye tu trayectoria hacia la meta. El reto, intensifica tu objetivo. Se vuelve un desafío sano. Cada circunstancia tiene el potencial de trabajar a su favor, siempre y cuando usted no se enfoque en ella sino en la meta a conseguir.

Cuando entendemos que todo lo que sucede, está allí con el único propósito de ayudarte a lograr tu meta, el recorrido se hace menos agobiante.

Hay diversas situaciones o retos que toda pareja debe afrontar en diversas áreas. Entre ellas podemos enumerar las siguientes:

A– el área de las finanzas
B– El área de las emociones
C– El área física o sexual
D– El área espiritual y de los valores
E– El área de los hijos

Una vez que usted identifique el problema comience a obtener información con respecto a dicha área. Obtenga toda la información pertinente. Aprenda de ello. Sea premeditado y deliberado. Intencionalmente propóngase conocer más. Asista a talleres, seminarios, clases matrimoniales. Usted haga lo necesario para aprender. Dios hará lo necesario para que usted obtenga experiencia y desarrolle sabiduría.

Alguien dijo: "La meta en el matrimonio NO es pensar igual...es pensar juntos."

Capítulo Dos

Stress Financiero

El Stress Financiero

Estrés es aquello que nos produce ansiedad y angustia. La palabra de Dios nos enseña lo siguiente: *Filipenses 4:6 "No se estén afanosos ni se preocupen por nada. Que sus peticiones sean conocidas delante de Dios en toda oración y ruego, con acción de gracias."*

Cómo el ESTRÉS afecta el cuerpo

Piel:
problemas como acné, psoriasis, eczema, dermatitis y sarpullido.

Estomago:
Puede causar úlcera péptica, alergias alimentarias, reflujo, náuseas y fluctuaciones de peso.

Páncreas:
Eleva los niveles de secreción de insulina, si es crónico podría llevar a la diabetes, la obesidad y al daño de las arterias.

Sistema reproductivo:
Disminución de la produccion de Testosterona y Estradiol. Reduce la fertilidad y el deseo sexual.

Articulaciones y músculos:
Dolores y molestias, inflamación, tensión, densidad ósea baja.

Cabeza:
Dolor, mareos, TDA, TDAH, ansiedad, enojo, depresión, falta de energía y ataques de pánico.

Corazón:
Aumento de la presión arterial y ritmo cardiaco, incremento del riesgo de ataque al corazón y accidente cerebrovascular, incremento del colesterol.

Intestinos:
Disminución de la absorción de nutrientes, disminución del metabolismo, producción enzimática disminuida y aumento del riesgo de enfermedades inflamatorias del intestino.

Sistema inmunológico:
Deprime el sistema inmunológico bajando sus defensas.

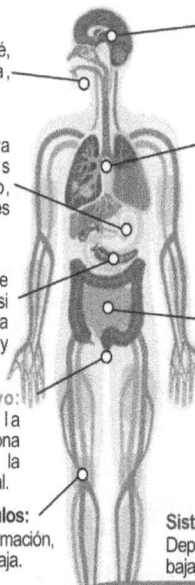

La ansiedad es, en muchas circunstancias, una respuesta normal que se produce cuando una persona percibe una posible amenaza. Esta nos protege de dicha amenaza, haciendo que evitemos la situación, salgamos corriendo o luchemos.

Algunos de los síntomas de la ansiedad y el estrés son:

♦ Dificultad para concentrarse
♦ Fatiga
♦ Irritabilidad
♦ Problemas para conciliar el sueño y permanecer dormido. Sueño que a menudo no es reparador ni satisfactorio
♦ Inquietud y sobresalto

Junto con las preocupaciones y las ansiedades, también pueden estar presentes muchos síntomas físicos, como tensión muscular (temblor, dolor de cabeza) y problemas estomacales, como náuseas o diarrea.

La ansiedad y el estrés son muy destructivos. Algunas personas con Síndrome de Ansiedad sienten miedos repentinos que los paralizan. Acompañados por esos miedos vienen los dolores o presión en el pecho, sudor de las manos, dolor de cabeza, palpitaciones fuertes y preocupación constante. Algunas personas temen salir o estar en lugares con mucha gente y se sienten sofocados y desesperados.

Existen tanto estímulos externos, como sociales que provocan el estrés en la vida de pareja. Entre ellos las finanzas.

Uno de los mayores conflictos que enfrentan las parejas hoy en día es el stress financiero y las deudas. Es importante conocer maneras de cómo ser buenos administradores de nuestros bienes y poner el sistema del mundo a funcionar a nuestro favor y no movernos de acuerdo al sistema del mundo. Todos nosotros deseamos superarnos y prosperar, y eso está bien. El problema que afrontamos es que muchos de nosotros caemos en el sistema del mundo que dice: *"Compre hoy y pague mañana"* y eso es un error. De esta manera caemos en la trampa de la deuda.

Acarrear una deuda no cuesta nada. Generalmente, la forma más común de caer en deudas es a través de **las tarjetas de crédito.** Cuando nos endeudamos con tarjetas de crédito, nuestro dinero no es administrado por el Señor sino que es manejado por las compañías que ofrecen el crédito.

> *"La raíz de todos los males es el amor al dinero"*
> *I Timoteo 6:10*

Dios no tiene limitaciones. Pero para que El pueda sacarte de tu condición de endeudado, tú tienes que darle la autoridad sobre **tus finanzas.**

A continuación, vamos a delimitar algunos puntos esenciales en la vida del Creyente que le ayudarán a ver la bendición y prosperidad de Dios para su vida.

La voluntad de Dios es que Usted *sea prosperado.* *El dinero* no es pecado. Lo que es pecado es *el amor al dinero.*

Génesis 19:30 cuenta la historia de Lot y sus dos hijas que después de la destrucción de Sodoma y Gomorra fueron a morar a las montañas. Allí las hijas de Lot desesperanzadas por la falta de marido y de tener descendencia, cometieron incesto y de allí nacieron: Amón y Moab que generaciones más tarde se convirtieron en dos tribus que casi terminan con el pueblo de Israel. Esto es una analogía del sistema del mundo, que dice Compre hoy y pague mañana. Lo que hagamos hoy determinará nuestro mañana.

Para que usted lograr salir de sus deudas y obtenga victoria sobre el estrés financiero, tome el ejemplo de Josafat en el Libro 2 de Crónicas Capitulo 20. Las dos tribus mencionadas arriba fueron las que vinieron en contra de este hombre y su pueblo. Tomando su ejemplo, sigamos los siguientes pasos:

1- Humillarnos. Cuando Dios ve un corazón dispuesto sabe que allí hay posibilidades de hacer un milagro.

2- Tomemos a nuestra familia y oremos a Dios.

3- No es de nosotros la guerra sino de Dios.

4- Si desea salir de deudas deténgase y esté quieto, para poder escuchar la voz del Señor.

5- Haga sacrificio de alabanza. Comience a alabar a Dios y a darle gracias por la victoria, de antemano, aunque todavía no vea la salida. Cuando empezamos a alabar a Dios el enemigo se auto-destruye. Huye de nuestra presencia.

6- Después de la batalla, nos corresponde recoger el botín. El enemigo no tiene un almacén dónde guardar lo que nos ha robado. El lleva todo el tesoro a cuestas;

pero como es tan cobarde, una vez que pierde la batalla tira el botín y sale corriendo. A nosotros nos corresponde echar mano de él.

> *"Dios derrotará a tus enemigos que se levantaren contra tí; por un camino saldrán contra tí pero por siete caminos huirán de delante de tí. Jehová enviará bendición sobre tus graneros, y sobre todo aquello que pusieres tu mano; y te bendecirá en la tierra que tu Dios te da. Y verán todos los pueblos de la tierra que el nombre de Jehová es invocado sobre tí y te temerán. Y te hará sobreabundar en bienes, en el fruto de tu vientre, en el fruto de tu bestia, y en el fruto de tu tierra...Te abrirá su buen tesoro, el cielo, para enviar la lluvia a tu tierra en su tiempo, y para bendecir toda obra de tus manos. Y prestarás a muchas naciones, y tú no pedirás prestado. Te pondrá Dios por cabeza, y no por cola; y estarás encima solamente, y no estarás debajo, si obedecieres los mandamientos de tu Dios, para que los guardes y los cumplas." Deuteronomio 28:7-14*

"La bendición de Dios es la que enriquece, Y no añade tristeza con ella." Proverbios 10:22

EJERCICIO PERSONAL

1- Anote qué deudas Usted ha adquirido y lo están poniendo en una situación estresante; Reconozca que no fue guiado por Dios al contraer esa responsabilidad. Luego renuncie al afán y al deseo de contraer nuevas deudas.

2- Haga una lista de los "lujos" o cosas que Usted disfruta en su casa que le están proporcionando gastos innecesarios. Elimínelos!

3- Si las tarjetas de crédito son una tentación y una forma de gastar su dinero innecesariamente, o si Usted reconoce que no es buen administrador de las mismas, renuncie a ellas y destrúyalas. Las tarjetas son para que el cristiano haga buen uso del crédito, no para promover las deudas.

4- Comience a darle gracias a Dios por la victoria sobre sus deudas. Alábele!

5- Corte todo ciclo de pobreza, debido a las deudas, sobre su familia y proclame la bendición de Dios. Hágalo en el nombre de Jesús con la autoridad que El le ha delegado. Propóngase no caer en el mismo circulo que le estaba provocando estrés y desesperación.

LLAVE PARA RECIBIR BENDICION

1- **Para ser bendecido** Usted debe *bendecir* a **otros.** Para recibir, Usted debe: **dar.** Y cuando Usted dé hágalo con alegría (2 Cor.8:11-12); No lo haga para ser visto por los hombres (Mateo 6:1-4). A quien reparte, se le *añade* más. Quien retiene, viene a *pobreza*.

> "Hay quienes reparten, y les es añadido más; y hay quienes retienen más de lo que es justo, pero vienen a pobreza" Proverbios 11:24

> "El alma generosa será prosperada ; y el que saciare, él también será saciada". Proverbios 11:25

2- **Dé conforme a lo que Usted tenga, no conforme a lo que no tenga.**
(2 Cor.8:11-12) "Lleven también a cabo el hacerlo, para que así como estuvieron prontos en querer, así lo estén en cumplir conforme a lo que tengan. Porque si primero hay voluntad dispuesta, será acepta según lo que uno tiene, no según lo que no tiene"

3- Dé conforme a lo que el Espíritu Santo le dice que dé, y no lo que Usted quiere dar.

4- Para que Usted pueda convertirse en un dador para el Reino de Dios, debe estar libre de toda deuda.

Consejos prácticos para eliminar el stress financiero que promueve las deudas

Dios nos quiere prosperar, no con el fin de involucrarnos en deudas sino con el propósito de expandir su Reino.

"Honra al Señor con tus bienes, y con las primicias de todos tus frutos; y serán llenos tus graneros con abundancia, y tus lagares rebosarán de mosto" Proverbios 3:9-10

"No os afanéis por el día de mañana..." Mateo 6:31... *"Buscad primeramente el Reino de Dios y su justicia y todas estas cosas o serán añadidas."* Mateo 6:33.

Todos los varones de Dios tuvieron características semejantes que delimitaron su prosperidad:
1- creyeron a Dios como su proveedor
2- creyeron que Dios podía suplir su necesidad.

ECLESIASTES 7 Y 12 "Escudo es la ciencia y el dinero, más la sabiduría excede, en que da vida a sus poseedores."

¿QUE ES UNA DEUDA?

Deuda es aquella situación por la cual un sujeto (contribuyente, responsable o tercero) está obligado a realizar el pago de un tributo; es algo que Usted obtiene pero que aún no le pertenece porque lo debe. La deuda es una obligación o responsabilidad por cumplir. Hablando financieramente es la acción de la ley común para la recuperación del dinero que se obtuvo. Usted debe diferenciar entre lo que es una deuda y lo que es una inversión.

La misma Palabra de Dios nos aconseja no endeudarnos.

Dios nos dará de su sabiduría para poder, no sólo salir de deudas sino también para no entrar en ellas.

Debemos entender que la deuda es un sistema que el mundo ha impuesto, pero no es el sistema de Dios. Jesucristo pagó con su sangre el precio de nuestra libertad. El fue a la cruz del calvario para darnos salvación, sanidad, protección,

> "No deban a nadie nada, sino el amarse los unos a los otros: porque quien ama a otro ha cumplido la ley."
> Romanos 13:8

preservación. Sin embargo, a veces vendemos nuestra primogenitura por un plato de lentejas.

Una deuda es una atadura. Nos separa de la paz y comunión con Dios. Corta la comunicación con el Espíritu Santo, pues todo gira alrededor de nuestras preocupaciones financieras.

No podemos dormir, ni tener tranquilidad. Hasta dejamos de darle a Dios lo que a él le corresponde. La deuda simplifica el caminar, no por la fe sino el caminar por la carne.

Cuando recurrimos a los préstamos rápidos, y nos metemos en deudas le estamos diciendo a Dios que no confiamos en él. Que él no es lo suficientemente capaz para suplir lo que necesitamos.

El sistema del mundo basa su economía en la deuda. Nosotros en la provisión divina. Los millonarios no viven conforme a este sistema. Ellos en lugar de pedir prestado: prestan.

La deuda nos pone a la cola y no a la cabeza. Y la Palabra de Dios dice que él nos ha puesto por CABEZA, que somos Real Sacerdocio y Nación Santa de Dios.

QUE DEBEMOS HACER PARA SALIR DE DEUDAS?

Debemos saber que no es la voluntad de Dios que estemos en deudas. Para salir de deudas, lo primero que debemos hacer es: decidir salir de ellas. Hay que tomar una decisión, no una emoción. Cuando estamos en medio de la deuda, Cristo no gobierna nuestras finanzas. Hay que querer salir de deudas.

No buscar justificarse. Dios no necesita excusas sino vasos que digan que a partir de hoy vamos a movernos por la fe.

No cometas el error de buscar otro trabajo para suplir las finanzas que te ayudarán a salir de deudas. Muchos creyentes cuando ven la entrada extra de dinero, vuelven a meterse en deudas y sacrifican el tiempo familiar por ese dinero extra. Además, siempre encontraremos algo más, que no necesitamos para adquirirlo. Ese trabajo te quitará el tiempo que le corresponde a Dios. Pídele a Dios que quite el deseo de adquirir cosas innecesarias. Mas bien desarrolla un estilo de vida donde seas un dador y no un consumidor. Organiza tu vida. La persona indicada para ayudarte es el Espíritu Santo. Regresando a la historia de Josafat en 2 Crónicas 20:2 podemos seguir varios consejos bíblicos. De acuerdo con este relato, lo primero que Josafat tuvo ante esta circunstancia oscura fue: temor. Pero aún así su corazón no desmayó, sino que humilló su rostro y proclamó ayuno en todo Judá.

Para salir de deudas es necesario que reconozcamos nuestra mala administración financiera.

Reúne a tu familia para orar y notificarles que están pasando por un período decisivo y de emergencia.

Analiza en tu hogar qué cosas están consumiendo demasiada inversión de dinero y de cierta forma son un gasto innecesario o un lujo. Por ejemplo: el celular, el cable de televisión, renta de películas, comer afuera.

Mantén las luces que no estás ocupando, apagadas. Reduzca el nivel de los voltios de los bulbos de luz. Reduce las llamadas internacionales. No realices salidas innecesarias. Recuerde que es un período de emergencia, ésto no es para siempre. Pero recuerde que debe disminuir sus gastos.

Si su deuda proviene por el mal uso de las tarjetas de crédito, lo recomendable es que las destruya para evitar más deudas.

La provisión no se encuentra fuera sino dentro de nuestra casa.

Todo lo que quite el primer lugar de Dios es pecado y la deuda desplaza nuestro interés en Dios y lo pone en las circunstancias que rodean aquello que debemos pagar.

Paguemos lo que debemos.

"Pagad a todos lo que debéis: al que tributo, tributo; al que impuesto, impuesto; al que respeto, respeto; al que honra, honra. No debáis a nadie nada, sino el amaros unos a otros; porque quien ama a su prójimo a cumplido la ley" Romanos 13:7-8

Guarda y ahorra para tener en los tiempos malos.

CITAS BIBLICAS QUE SE REFIEREN A LA RAIZ DE LA POBREZA Y CENSURAN LA DEUDA

TOPICO	CITA BIBLICA
Se nos insta a dar, en lugar de pedir prestado	*Salmos 37:21*
No meternos en deudas	*Romanos 13:8*
Perdonar a nuestros deudores	*Mateo 6:12*
Quien está en deuda está encarcelado y puesto en prisión	*Mateo 18:23-35*
No dar fianza a nadie	*Proverbios 6:1-5*
Somos faltos de entendimiento al dar fianza	*Proverbios 17:18*
Te quitarán tus cosas si sales fiador por otro	*Proverbios 20:16*
No te comprometas en deudas ni salgas fiador de nadie	*Proverbios 22:26-27*
El que siembra discordia, segará la calamidad y pobreza	*Proverbios 6:14-15*
La pereza empobrece, la diligencia enriquece	*Proverbios 10:4*
Quien menosprecia el consejo y la corrección empobrecerá	*Proverbios 13:18*
No ames el sueño para que no te empobrezcas	*Proverbios 20:13*
Tener pensamientos de abundancia pero no apresurarse	*Proverbios 21:5*
Quien oprime al pobre o da al rico empobrecerá	*Proverbios 22:16*
La pobreza viene cuando dormitamos y nos aperezamos	*Proverbios 24:33-34*
La maldición nunca viene sin causa	*Proverbios 26:2*
Al avaro le sobreviene pobreza	*Proverbios 28:22*

COMO EVITAR PELEAS SOBRE EL DINERO

A. Quien lleve las finanzas que sea el mas apto para hacerlo.

B. Que su cónyuge sepa la situación financiera. No le oculte detalles.

C. No gaste dinero en cosas innecesarias

D. Pague sus deudas

E. Sea generoso con Dios y con su cónyuge a nivel financiero

Capítulo Tres

Cultivando las Necesidades Más Importantes

Necesidades Emocionales más importantes

Las parejas necesitan aprender cómo depositar l combustible correcto en el tanque emocional de sus cónyuges. También deben aprender a evitar que esas muestras de afecto disminuyan.

Eso es una clave para un hogar feliz. *"En hebreo la palabra para "hogar" es "bait", que está íntimamente relacionada con la letra "bet". Esta letra está formada por dos líneas paralelas, unidas por una tercera línea perpendicular. Simbólicamente, esto nos enseña que un hogar está formado por dos personas, cada una con su propia individualidad, que se juntan en un terreno mutuo. Su objetivo es compartir el resto de sus vidas juntos, creando un entorno cálido, feliz y seguro."* Rab Noaj Orlowek

Vimos en el primer capitulo que lo que mantiene el fundamento de un hogar es la sabiduría. *1 Pedro 3:7 "Ustedes, maridos, igualmente, vivan con ellas (esposas) sabiamente,"*

Esa sabiduría que viene de parte de Dios, nos ayuda a suplir las necesidades emocionales de ambos incrementando el romance. Venciendo ciertas conductas y hábitos se evita que disminuyan esas muestras de cariño y se disminuye por lo tanto la posibilidad de herirse el uno al otro. Una necesidad emocional que se satisface, produce un sentimiento de felicidad y contentamiento. De lo contrario, lo que queda es una impresión de frustración e infelicidad.

Las necesidades emocionales más importantes para la mayoría de las parejas son:

La admiración
El cariño y afecto
La comunicación o conversación
El apoyo en las tareas domésticas
El compromiso familiar
La honestidad
El atractivo físico del cónyuge
El apoyo financiero
El compañerismo recreativo
La llenura sexual

Sin embargo, el orden de prioridades varía para los hombres y las mujeres. Por eso cuando intentamos llenar las necesidades en el otro como si fueran las nuestras, fracasamos.

El Cariño y el Amor

El cariño y el amor representan seguridad, protección, comodidad, aprobación, y todo lo que simbolice confianza y amparo. Esto es de suma importancia en toda relación de pareja. Cuando usted muestra cariño le dice a su cónyuge: "estás seguro conmigo", "quiero protegerte" "me importas".

Atención significa respetar y escuchar - "Me importa lo que sientes y piensas. Es muy importante para mí".

El afecto es preocuparse con amor incondicional. Casarte con alguien es básicamente confiar a esa persona tu vida.

La apreciación es darte cuenta de lo que es bueno y lo que es correcto – y vocalizarlo. Aprenda a ser más cariñoso. Un simple abrazo dice muchísimo. Hay otras maneras de mostrar afecto: una tarjetita, un ramillete de flores, el tomarse de las manos, hacer masajes, las llamadas telefónicas con expresiones románticas y mensajes secretos.

Cuando admiramos a alguien le demostramos nuestro cariño. Pero a veces esas muestras de cariño y de buena voluntad llegan al conflicto, y entonces el amor queda en segundo lugar para dejar paso a la lucha abierta.

Parece mentira, pero hay matrimonios que han fracasado a partir de un choque que nació del cariño, de una preocupación por el bien de la otra parte.

Con un poco de serenidad podríamos darnos cuenta de que el amor nos debe llevar al interés por el otro y, a la vez, al respeto de su libertad; también cuando hace algo que nos parece peligroso o con lo que no estamos de acuerdo.

El cariño permitirá que cada decisión de la pareja y de la familia no sea una herida que erosione la vida común, sino una ocasión para renovarse y caminar juntos hacia adelante. Ello será posible si aprendemos a dialogar, a ver el otro punto de vista, a armonizar las ideas y a tomar decisiones serenas y equilibradas.

Claves para acrecentar el Cariño

Dar en lugar de recibir. Concentra tu atención en "dar" más que en "recibir".

Cuando tu meta sea brindarle placer a tu pareja, siempre encontrarás oportunidades para alcanzar tu objetivo. Como consecuencia de eso tú también ganarás, pues las personas tienden a corresponder un comportamiento positivo. La clave para amar es dar. No es la clave para *ser amado* sino para *amar*. Amamos a las personas a quienes les damos. Recibir solamente, no lleva a amar. Lleva a un sentimiento de deuda. Dar lleva a amar. Dale a tu pareja y haz la cuenta al final del día: "¿Le di a mi pareja al menos cinco cosas el día de hoy? ¿Le sonreí al final del día cuando entró a la casa? ¿Le cociné su comida favorita? ¿Le hice la cena con cariño porque estaba pensando en la persona a la que le estaba cocinando? ¿Recogí la ropa de la secadora? ¿Saque la basura?

Pacificar. El dar nos lleva a que la otra persona nos importe. Sé cuidadoso en mantener silencio cuando tu cónyuge te insulte. Ignorando los desaires y los insultos, evitarás muchas discusiones innecesarias. El momento de disgusto pasará rápidamente.

Elogiar. No tomes las cosas a la ligera. Aprende a ser agradecido por las cosas que tu pareja hace o dice. No solamente diciendo "gracias" sino dando una explicación de por qué se está agradecido. A todos nos encanta el elogio detallado. Nos hace sentir importantes.

Tener expectativas Reales. Las personas entran al matrimonio con muchas expectativas que no son conscientemente expresadas. Al renunciar a las expectativas irreales, se evita la frustración y el enojo. No esperes que tu cónyuge sea perfecto y no hagas comparaciones.

Buscar lo Positivo. Intenta encontrar una perspectiva positiva a las cosas.

No busques el detalle negativo ni te concentres en lo que no está terminado. Busca lo que se ha logrado y alábalo. **Mantén una Buena Comunicación.** La respuesta que realmente uno obtendrá estará acorde a la intencionalidad de su mensaje. Clarificar las metas y ser específico es muy importante. Si tu método de comunicación no te ayuda a lograr tu objetivo, cambia tu enfoque. Aprende a decir lo mismo de varias maneras hasta que te hayas dado a entender perfectamente.

Aprende a ceder. Si cada uno se propone sacrificar el ego y su propio yo, con el fin de agradar al otro, el matrimonio se fortalecería. Trate de ceder en algunos campos. No importa si no le gusta hacerlo, hágalo por amor. Por ejemplo, si a su esposa le agrada la música clásica, escuche con ella una pieza y trate de disfrutarla. Si a usted no le gusta lavar platos pero lo hace por complacerle a ella, obtendrá recompensa en calidad de relación. Si a usted como esposa no le agradan los deportes, trate de complacerlo viendo un programa deportivo juntos. Aquel que cede, se le dará. Siembra y recibirás. Aceptar los sentimientos del cónyuge no significa necesariamente que estás de acuerdo con ellos. En tal caso, tus propios sentimientos y necesidades serán escuchadas de una mejor forma. Y, probablemente, si dejas a tu pareja hablar, podrán intercambiar opiniones.

No practiques la culpabilidad. No culpes o condenes a tu pareja por los errores que comete. Planea el mejor método para evitar que estos errores vuelvan a ocurrir, sin despertar resentimiento o dañar los sentimientos de tu pareja. Conviértete en un constructor de familias y no un destructor.

Vive el presente. Vive el presente. Lo que haya salido mal en el pasado, ya pasó. Enfoca tu pensamiento en mejorar la situación en el presente. Aprende y decide perdonar.

No trate de arreglar nada. Un esposo le debe dar a su esposa por los menos 15 minutos diarios para escucharla - sin intentar interrumpirla para darle soluciones. Sólo escuchar atentamente. Una esposa necesita saber que confías en ella. Sólo diciéndole gentilmente: "Está bien, no tienes que explicarlo, confío en ti" - creará un lazo más cálido.

Dale reconocimiento a tu pareja. Deja que los dones y talentos sean fácilmente reconocibles y que no se obstruyan. No obstaculices la realización personal de tu pareja, sino que dale reconocimiento y admiración por ello.

No juzgues. No trates de interpretar los actos y motivos de tu pareja. Cuando tu les das significado a tales motivos y crees saber el por qué hace lo que hace, le estás juzgando. Recuerda que nuestros motivos no son sus motivos y que sólo Dios sabe y conoce lo profundo del corazón.

La Llenura sexual:

Muchas veces el afecto puede confundirse con el área sexual. El afecto y cariño no tienen que ver nada con sexo pero sin embargo pueden alimentarlo en nuestra relación de pareja. Muchas veces el querer estar con nuestros esposos sexualmente es una manera de decir que necesitamos estar cerca de ellos e involucrarnos emocionalmente. De la misma manera cuando les rechazamos, estamos diciendo: "no quiero estar cerca de ti".

Cuando usted decidió unirse en matrimonio, hizo un pacto de por vida. Hizo un voto de tener a su esposo como único compañero sexual y emocional. Debido a eso, deben procurar complacerse y llenar sus necesidades en esta área mutuamente. Este es un privilegio único que ambos tienen, y una responsabilidad del uno para con el otro.

Si para Usted el área sexual ocupa un lugar muy importante en su lista, entonces Usted deberá conocer cuales son las necesidades primordiales de su pareja y tratar de llenarlas. De lo contrario la respuesta sexual será mínima.

También trate de lograr un ambiente pacifico. Quite la presión del trabajo o del hogar de los hombros de su pareja, ayudándose el uno al otro. Encuentre a alguien que cuide los niños, que limpie la casa, o solamente dele una sorpresa.

Si Usted no está lo suficientemente interesado en esta área, debe olvidarse un poco de lo que Usted QUIERE y comenzar a pensar un poco más en lo que su pareja NECESITA.

Algunos hombres y mujeres tienen una serie de explosiones de carácter debido a la falta de llenura sexual. Algunos pasan enojados, molestos o simplemente ansiosos. Otros se ponen tristes, deprimidos y frustrados. Si este es el caso de su esposo-a, tenga cuidado. Tarde o temprano ellos obtendrán lo que quieren. Algunos se involucrarían en una aventura o relación extramarital, otros en pornografía u otros estando frustrados de ahora en adelante. Esto puede ser una bomba de tiempo.

La persona que necesita llenura sexual en su matrimonio, debe ser más comprensivo y amoroso con las necesidades de su pareja e intentar llenarlas. Quien no está interesado, debe de tomar la decisión de disponerse a entregarse a su pareja.

Cuando una pareja tiene una relación íntima mala, no conviene alentar más sexo. Primero, arregle la relación, y en un noventa por ciento de las veces, los problemas sexuales desaparecen.

A continuación vamos a dar unas sugerencias de cómo usted puede ayudar a resolver la frustración en la llenura sexual.

Darse Placer Uno al Otro

Las parejas felizmente casadas están comprometidas con el objetivo de darse placer uno al otro. Debes mantenerte enfocado en la meta principal que es darle placer al otro y no causarle dolor. Suena demasiado simple pero puede ser muy difícil en la práctica.

Crear Rituales Mutuamente Satisfactorios de Amor y Compañerismo

Los rituales son hábitos que construyen y le dan fuerza a la relación. Nuestras acciones afectan la manera en que sentimos. ¿Cómo acostumbras a recibir y despedir a tu pareja? He aquí algunos rituales que pueden considerarse para trabajarlos: Cada día, que lo primero que escuche el uno del otro es un "buenos días mi amor" Una llamada telefónica diaria. (Es especialmente importante que los esposos lo hagan). Los aniversarios necesitan una atención especial. Planea hacer algo que ambos disfruten hacer. No haga las cosas a la carrera. Antes de que apagues la luz en la noche, traten de decirse cosas bonitas uno al otro.

Crear un Ambiente de Confianza Para Hablar Abierta y Honestamente.

Las relaciones despóticas y abusivas son aquellas en las que tienes miedo de expresar tus sentimientos y opiniones. Este sentido de confianza es la base mediante la cual una pareja puede negociar cosas que les molestan. Es común para cada persona entrar a una relación con ciertas expectativas acerca de cómo serán las cosas, pero sin la habilidad de comunicarte y negociar, estas expectativas se convierten en una fuente de luchas de poder que casi siempre dañan la relación.

Usar Buenas Herramientas de Comunicación

La técnica que toda pareja debe aprender es la llamada "técnica escucha-habla". En la mayoría de las parejas el problema es que al discutir tratan de encontrar soluciones antes de darse la oportunidad de decirse uno al otro lo que tienen que decir. Aprenda a escuchar. Parece mentira, pero el conversar ampliamente nos libera de tensiones en la relación y nos prepara eficazmente para la unión íntima.

Acérquense el Uno al Otro.

Cuando pasen cerca el uno del otro, no se evadan sino que mantengan un contacto visual o físico. Dense muestras de afecto: abrazos, palmaditas, un masaje en los hombros, etc. Acercarse uno al otro significa hacerse uno al otro su principal prioridad. hagan cosas juntos que ambos disfrutan. Caminar juntos, tomar café después de la cena, estudiar la Biblia y escuchar juntos una clase, etc.

Llenen Sus Vidas Con Sentido de Propósito

Las parejas felizmente casadas son aquellas que enriquecen sus relaciones al compartir experiencias enriquecedoras juntos. El máximo sentido es compartir una filosofía de vida en común así como un propósito.

Cuando las parejas comparten experiencias verdaderamente significativas se conectan en un nivel más profundo.

COMO OBTENER MAS PLACER DE TU MATRIMONIO

A la gente no le gusta el dolor. Sin embargo, cuando se trata de la construcción de un matrimonio uno debe estar dispuesto a aceptar mucho dolor.

Para tener un matrimonio eficaz hay que trabajar para ello, pero la mayoría de la gente no sabe lo que eso significa.

El dolor emocional y físico pueden hacer que la persona no reaccione sexualmente y que su deseo disminuya o que desaparezca del todo. Una persona que da es aquella que está comprometida a minimizar el dolor a otros y maximizar darles a otros placer. ¿Eres una persona que da?

COMO NO PROVOCAR DOLOR

En general, revisa la manera en la que le hablas a tu pareja y no deje ninguno de los dos que se les salga cualquier comentario que sea doloroso o no amable.
* No hables sin respeto. No seas un patrón, ni un jefe; no des órdenes, demandas o seas rudo/a. Debemos proponernos callar, hasta que algo lindo y positivo salga de nuestras bocas.
* Ten cuidado con tu tono de voz. Si le hablas a tu pareja con irritación o enojo en tu voz, le estarás dando a tu pareja dolor.
* No critiques, denigres o ridiculices. Nunca avergüences a tu esposa o esposo en público.
* No bases tus consejos en regaños o críticas. Ten siempre a la mano algo positivo que decir.

Colosenses 4:6 Sea vuestra palabra siempre con gracia, sazonada con sal, para que sepáis cómo debéis responder a cada uno.

COMO DAR DELEITE Y PLACER

Haz una lista de todas las cosas que le dan placer a tu pareja y realiza una de esas cosas diariamente. * Sonríanse el uno al otro. La sonrisa genera una energía positiva verdadera. * Piensa antes de hablar. Conecta tu mente a la lengua y al corazón. Muchas veces no sabemos decir ni pedir por las cosas. Piensa bien si el comentario que harás será edificante y constructivo. * Conviértete en un servidor y facilitador. Sé el ayudante número uno de tu pareja. Abre la boca y pregunta, y seguro que no perderás oportunidades de ayudar.

Conversación

La conversación no es una necesidad exclusiva. Nuestra necesidad para conversar varía y puede ser suplida casi que por cualquiera. Si esta es una necesidad básica en su vida, procure que sea su esposo-a el que la llene, de lo contrario Usted podría enamorarse de otra persona que le escuche más y que saque más tiempo para Usted en esta área.

Durante el noviazgo es fácil conversar porque es el periodo de conocerse e indagar lo del otro. Pero después del matrimonio, pueden darse cuenta que cuando antes hablaban tanto por te1éfono ahora pasan su tiempo frente al T.V, leyendo o en el trabajo.

Si Usted siente la urgencia de hablar, y lo disfruta y mantiene una conversación considere esta una de sus necesidades más importantes.

Si su compañero tiene la necesidad de conversar, Usted debe ser el proveedor. Algunas veces el verdadero problema con la comunicaci6n es la falta de tiempo. Encuentre tiempo para llenar las necesidades de su pareja. Encuentre diferentes temas de conversación y aprenda a convertirse en un OYENTE. Probablemente eso es todo lo que su pareja necesita. Para que haya una buena comunicación, la pareja debe confiar el uno en el otro. Sin confianza, no habrá conversación ni comunicación.

Como Edificar la Confianza en el Matrimonio

La confianza es probablemente el ingrediente más importante para construir una relación íntima entre esposo y esposa. La confianza debe ser cultivada y nutrida. Lo más importante es construir un espacio emocional y un vínculo seguro. Cuando la persona tiene miedo de expresar sus emociones es porque está percibiendo la relación como abusiva.

Las personas con este estilo de vínculo, suelen recuperarse más rápidamente de las emociones que surgen cuando discuten, porque pueden reconocer que no existe una amenaza real, y que su pareja estará disponible nuevamente para brindarles amor, apoyo y seguridad, una vez que las cosas se calmen. En cambio, las personas con vínculo inseguro, suelen sentirse abrumadas por el temor a la pérdida.

INSTRUCCIONES PARA CREAR
UN ESPACIO EMOCIONAL SEGURO

Aprenda a ser un buen receptor. Es más difícil que ser un comunicador. No interrumpas a tu cónyuge, déjale que termine sus ideas y pensamientos. Vuelva a repetir verbalmente lo que le acaba de decir. Eso demuestra interés y respeto.

Tome responsabilidad en expresar tus necesidades y exprésalas claramente. Cuando en una pareja se expresan las necesidades de cada una y se trata de suplir dichas necesidades consistentemente, se tiene posesión de una de las formas más poderosas de construir confianza en una relación.

Sea positivo y placentero. Generalmente confiamos en gente que nos trata bien y que parece que nos quiere. Si no haz dicho al menos 5 cosas positivas, guárdate el comentario negativo.

No dejes que las cosas se queden sin resolver. Cuando las cuestiones no se resuelven, entonces los resentimientos se incrementan y acumulan. Y cuando los resentimientos se invaden, la confianza se pierde.

Aprende a discutir de manera justa. Hay que aprender a discutir. Discutir no es sinónimo de pelear. Discutir es plantear tus ideas. Si discutes con justicia, construyes confianza.

Consejos prácticos de cómo conversar y discutir debidamente

Nunca llegues a ofensas o insultos. Mantén el tema de lo que se está discutiendo. Enfócate. Nunca traiga situaciones ocurridas en el pasado. La presente discusión no es una oportunidad para tirar tu basura pasada. No uses frases que son absolutas como "tu nunca" o "tu siempre". Nunca traigas a la familia de la otra persona a la discusión para fundamentar tu caso a atacar a tu pareja. No ofendas a aquellos que son importantes para tu esposo-a indirectamente porque entonces estarás atacando directamente a tu cónyuge. Si la discusión se pone difícil, toquen el tema otro día.

No empieces una discusión tarde en la noche cuando ambos están cansados, y por lo tanto con menos control sobre sus emociones.

Cómo mantenerte tranquilo

Mejor es morar en tierra desierta que con la mujer rencillosa e iracunda
--- Proverbios 21:19

El hombre iracundo promueve contiendas; mas el que tarda en airarse apacigua la rencilla --- Proverbios 15:18

El Señor nos ha dado espíritu de poder y dominio propio. Hagamos uso de él. Todos nosotros experimentamos momentos difíciles cuando nos encontramos con gente que critica, que se enoja y es hostil. La mejor manera de aprender a permanecer centrado en cara de un desafío es prepararse mentalmente a uno mismo para hacerlo.

Piense en los beneficios para usted y su familia, los beneficios emocionales y espirituales, y las grandes pérdidas que pueden ser causadas al actuar de la peor manera en esos momentos.

♦ el enojo es una obra de la carne, no fruto del espíritu

♦ el enojo descontrolado es pecado

♦ es dañino y provoca enfermedades

♦ Cierre toda puerta al enojo. No le de lugar al diablo

♦ el enojo causa división

♦ Causa de fracaso y estorbo en nuestra relación con Dios

"Quiten de ustedes toda gritería" Efesios 4:31 Uno de los errores que las parejas cometen en cuanto a comunicación. Es el gritarse. El enojo crea tensión. Cuando esta se acumula, Ud. necesita dejarla salir. El gritar entonces se convierte en la salida mas fácil y causa más daño que alivio. Se vuelve en un hábito destructivo.

Las emociones deben ser comunicadas para sobrepasarlas, no intensificarlas.

Gritar NO es comunicarse.

El hombre iracundo levanta contiendas, Y el furioso muchas veces peca. La
soberbia del hombre le abate; Pero al
humilde de espíritu sustenta la honra--
-Proverbios 29:22-23

Jesús dijo: Pero yo os digo que cualquiera que se enoje contra su hermano, será culpable de juicio; y cualquiera que diga: Necio, a su hermano,
será culpable ante el concilio; y cualquiera que le diga: Fatuo, quedará ex-
puesto al infierno de fuego. Por tanto,
si traes tu ofrenda al altar, y allí te
acuerdas que tu hermano tiene algo
contra ti, deja allí tu ofrenda delante
del altar, y anda, reconcíliate primero
con tu hermano, y entonces ven y presenta tu ofrenda. (Mateo 5: 22-24)

Porque es necesario que el obispo sea
irreprensible, como administrador de
Dios; no soberbio, no iracundo, no dado al vino, no pendenciero, no codicio-
so de ganancias deshonestas.
(Tito 1:7).

Compañerismo Recreativo

Por compañerismo recreativo se entiende la necesidad de involucrarse en actividades recreativas y a la vez la necesidad de tener compañía. Si usted tiene gran deseo de tener actividades recreativas pero necesita estar acompañado para ello, debe considerar este punto como importante en su lista.

Durante el noviazgo las mujeres solían disfrutar de actividades que normalmente no están en su lista de aficiones, como pescar, ir al fútbol, etc. Y a los varones no les importaba salir de compras toda una tarde, tener cenas románticas, ver películas de amor, etc.

¿Qué pasó para que dejaran de ser el compañero favorito el uno del otro?

El Compañerismo

El compañerismo necesita mantenimiento. Mantenimiento intencional. Se debe prestar tanto cuidado, cariño y atención a una relación como se presta a una profesión, familia o ministerio.

A veces los compañeros no se comunican sus necesidades el uno al otro. Algunos son demasiado tímidos o tienen demasiado miedo como para decir lo que necesitan para sentirse amados, completos o simplemente felices.

Algunas personas no saben usar las palabras adecuadas, o piensan que la otra persona laes subestimará por tener necesidades, o se avergüenzan de tales necesidades. Tienen temor al rechazo y al fracaso.

Los hombres y las mujeres tienen la necesidad de unirse. El deseo de sentirse acompañado es básico y sumamente importante. Los hombres y las mujeres son compatibles en muchas áreas y aprender cómo hacer de las diferencias una ventaja para la relación, es igualmente importante.

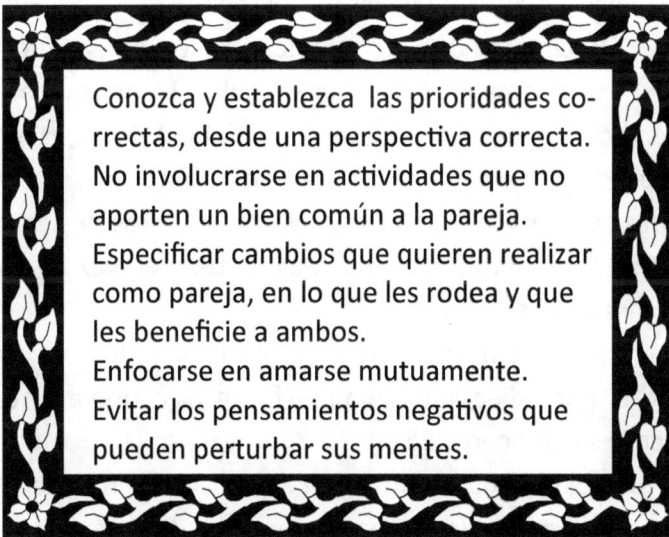

Conozca y establezca las prioridades correctas, desde una perspectiva correcta.
No involucrarse en actividades que no aporten un bien común a la pareja.
Especificar cambios que quieren realizar como pareja, en lo que les rodea y que les beneficie a ambos.
Enfocarse en amarse mutuamente.
Evitar los pensamientos negativos que pueden perturbar sus mentes.

Enemigos del compañerismo

o   Mala Comunicación
o   falta de compromiso
o   falta de interés
o   costumbre

Honestidad y apertura

Si usted siente la necesidad de conocer los gustos, pensamientos, etc. de su pareja y se siente a gusto conociendo lo más íntimo de su compañero, pero a la vez se siente mal si cree que hay algo que se oculta, entonces esta necesidad es una de las más importantes en su vida. Recuerden que la deshonestidad es un rival fuerte en el amor romántico y el matrimonio. La honestidad y apertura nos dan un sentido de seguridad. Si un esposo no proporciona comunicación honesta y abierta, la confianza se puede quebrantar y los sentimientos de seguridad se pueden destruir eventualmente, y en vez de crecer juntos, nos separan.

¿Si su esposo tuvo una aventura o relación extramarital hace diez años aunque fuese algo breve, usted querría saber acerca de ello?

¿Si tuvo usted una aventura hace diez años pero la terminó porque supo que estaba equivocado, debería decirle a su pareja? Nadie aprecia la falta de honradez, pero a veces la honestidad parece causar más daño. ¿Qué si la verdad es más dolorosa que una mentira?

Cuando una esposa se da cuenta que su esposo ha sido infiel, el dolor a menudo es tan grande que ella desea mejor haber desconocido el problema.

Cuando un esposo descubre algo así de su esposa, es como un cuchillo en el corazón -- quizá mejor no lo hubiera sabido.

Este tipo de confusión lleva a una gran parte de esposos y esposas bien intencionadas mentirse el uno al otro, o dar por lo menos al otro una falsa impresión. Ellos sienten que esa falta de honradez los ayudará a proteger los sentimientos de ambos. No es verdad! La mentira es una pared que aparece entre los dos, como algo escondido, un secreto que no se puede mencionar, pero que sale a flote en cada conversación. La falta de honradez puede ser como la adicción a una droga. Si usted comienza usando la deshonestidad para proteger sentimientos del uno y del otro, ¿dónde terminarán? Las mentiras lastiman claramente una relación a largo plazo, pero la verdad puede lastimar también, especialmente a corto plazo. Esa es la razón por la cual muchas parejas continúan en la falta de honradez -- porque sienten que ellos no pueden enfrentarse a la verdad, por lo menos por ahora. Como resultado, el matrimonio sufre una muerte lenta.

"Honestidad es como una vacuna para la gripe. Le puede dar un dolor corto y agudo, pero lo mantiene más saludable los meses siguientes" dice Dr. Harley.

¿Cómo puede esperar tener una relación íntima con alguien a quien usted no puede revelar la mayoría de sus sentimientos interiores? La verdad siempre sale a la luz, y los meses o años que se ha ocultado lo hace todo peor. La falta de honradez estrangula la compatibilidad.

Los esposos a menudo son confundidos en cuanto a cuán honestos deben ser el uno con el otro. La mayoría de las parejas hacen lo mejor que pueden para hacer al otro feliz. Pero sus esfuerzos, por sinceros que sean, a menudo son malentendidos. Para evitar el conflicto entonces prefieren mal informar al otro en cuanto a sus sentimientos, actividades y planes. Esto no sólo aísla el amor, sino que cuando el engaño se descubre, los conflictos maritales se vuelven imposibles de resolver. Así el amor romántico termina por escabullirse.

¿Por qué mentimos y somos deshonestos?

Temor a ser rechazados
Temor al castigo
Culpabilidad
Por temor a hacer más daño
Por temor a ser juzgados
Por temor a perder a la persona

1 Timoteo 3:4
"que gobierne bien su casa, que tenga a sus hijos en sujeción con toda honestidad"

Efesios 4:25
"Por eso, desechando la mentira, hablad verdad cada uno con su prójimo, porque somos miembros los unos de los otros."

Filipenses 4:8
"Por lo demás, hermanos, todo lo que es verdadero, todo lo honesto, todo lo justo, todo lo puro, todo lo amable, todo lo que es de buen nombre; si hay virtud alguna, si algo digno de alabanza, en esto pensad"

La honestidad no es automática. El ser honesto es una labor ardua. El desarrollar las destrezas de ser honesto no es automático ni fácil. La honestidad requiere un gran esfuerzo consciente, pensamiento racional, autodisciplina, estar consciente. Debido al constante esfuerzo requerido para ser honesto, muchas personas abandonan el esfuerzo y pierden así el instrumento esencial para la prosperidad, el poder y la felicidad. Una persona tiene que hacer un gran esfuerzo para ser leal a la verdad. La deshonestidad, el engañarse a uno mismo y la resultante infelicidad, provienen al darle una baja prioridad a la verdad--especialmente cuando los sentimientos están involucrados. Un compromiso de honestidad con nuestro compañero de amor romántico es esencial para lograr un entendimiento genuino. En una relación abierta y franca cada persona es libre de seguir aquellas acciones que él o ella juzguen mejor para su bienestar y felicidad racional.

Ambos tienen que ser igualmente libres para hacer y corregir sus propios errores. Ambos deben luchar por satisfacer sus necesidades individuales de crecimiento. Ambos tienen que aceptar el hecho de que ninguno tiene derecho de propiedad (físico o sicológico) sobre el otro. Cada persona suministra experiencias nuevas y únicas a la relación, cada uno se beneficia de las experiencias independientes del otro.

En una relación honesta. los actos desconsiderados se revelan. Son perdonados y son corregidos.

Con este crecimiento, cada persona en una pareja es cada vez más valiosa para la otra.

Las disputas honestas, sin agresión física ni daño sicológico, pueden ser valiosas. Las disputas verbales pueden romper las barreras emocionales para liberar sentimientos reprimidos y para fomentar comunicación necesaria. Pero el enojo y la negatividad indisciplinada y sin limites es un hábito destructivo que imposibilita la relación de pareja.

También ocurren disputas destructivamente deshonestas cuando una o ambas personas en una pareja silenciosamente guarda las "peores" faltas o problemas de la otra persona para usarlas como armas de manipulación.

Llevar un conteo de las faltas es una táctica deshonesta común usada para romper o terminar una relación.

1 Corintios 13:5 Traducción en lenguaje actual dice: *"El amor No es grosero ni egoísta. No se enoja por cualquier cosa. No se pasa la vida recordando lo malo que otros le han hecho."*

En una relación de amor romántico, los problemas que surgen proveen oportunidades para que cada descubra nuevas áreas de crecimiento que van a aumentar la intimidad y los placeres de la pareja.

Aún cuando ciertos problemas no puedan ser resueltos, los mismos pueden ser descargados y mutuamente comprendidos si se discuten honestamente. Siempre se obtienen beneficios mutuos al discutir abiertamente las diferencias o problemas.

Mientras más explícitamente se puedan identificar los problemas, más satisfactoria va a ser su solución.

El Atractivo en la Pareja

Cuando hablamos de ser una pareja atractiva, no solo nos referimos al aspecto físico.

"Engañosa es la gracia, y vana la hermosura; la mujer que teme a Jehová, ésa será alabada" (Proverbios 31:30).

Ser atractivo implica mucho más de la apariencia carnal. Esta es una necesidad importante por la cual muchas parejas atraviesan problemas.

En el año 1997, la revista Newsweek publicó un artículo donde denota que más del 30% de los ministros cristianos han sostenido relaciones sexuales con otras mujeres además de su esposa. Cuando el estudio se llevó a cabo en personas cristianas pero no ministros, la suma subió a casi el 48%.

Sin embargo, muchos creen que la apariencia física es sólo importante al principio de la relación (durante el noviazgo) y que luego toma un segundo plano cuando los sentimientos afloran y profundizan. Pero en la mayoría de los casos, sobre todo en los hombres, el hecho de tener una pareja atractiva es muy importante para ellos.

Recordemos que atractivo y belleza física no son lo mismo. Atracción es algo que trae cerca a alguien y que no lo repele. Ser atractivo es ser interesante, llamativo, encantador hacia la otra persona, en este caso hacia nuestro cónyuge. Muchas personas bonitas o bellas, no son atractivas. Sin embargo, cuando nos cuidamos en nuestra apariencia nos embellecemos.

Por ejemplo cuidar nuestro peso, la manera de vestir, el cabello, el maquillaje, etc. hacen que una persona también se sienta atractiva.

Algunos consejos para ayudarle a ser atractivo para su pareja

♦Trabajar en sus áreas internas, sacando lo que no es agradable: enojo, ira, celos, contienda, malas palabras.

♦Ser afectuoso y comprensivo

♦Estar al tanto de los temas que le interesan a su pareja. Quién ganó el partido de fútbol, qué maquillaje nuevo salió, qué libro de recetas le puede interesar, qué herramientas nuevas han anunciado, etc. Converse sobre ellos. Parece muy superfluo, pero contribuye al vínculo.

♦Ser franco y sincero

♦Cuidar su aseo personal. Oler bien es importante

♦Procurar vestirse de acuerdo con la ocasión (si amerita arreglarse un poco más, hacerlo)

♦No interrumpir a su pareja frente a otros

♦Jamás usar el sarcasmo

♦No terminar las historias que empieza el otro...déjelo terminar

♦Planear una cena sorpresa o un regalo especial

Apoyo doméstico y Financiero

Si usted o su pareja han perdido el trabajo de repente, ¿le afectaría esto a tal punto de sentirse desdichado o desalentado por no poder tener en el futuro lo que Usted tiene ahora? Si su respuesta es afirmativa esta es una de las necesidades emocionales básicas de su vida de pareja. El compromiso financiero también incluye apoyo en las tareas domésticas. Incluyendo: cocinar, lavar los platos, aplanchar, limpiar la casa, cuidar los niños.

Cuando Usted advierte que su pareja hace esto y Usted se siente complacido, seguro y contento, esto es una necesidad emocional en Usted, de ver la casa limpia, los niños atendidos, dividiendo las responsabilidades del hogar.

Generalmente la falta de apoyo doméstico es una bomba que explotará con la llegada de los hijos al matrimonio. Probablemente si Usted no tiene hijos esta no es una necesidad del todo, pero lo será en un futuro.

La llegada de los niños cambia las necesidades emocionales drásticamente.

El compromiso familiar es muy importante, especialmente para las mujeres. La esposa necesita que el marido sea un buen padre y tenga un compromiso familiar. Sobretodo, la mujer desea que sus maridos asuman una posición de liderazgo en sus hogares y se responsabilicen de la educación moral y desarrollo educativo de sus hijos.

En lo referente a los hombres, ellos necesitan paz y quietud. Llegar a su casa y encontrar un oasis, un refugio. Salen cansados de la oficina y lo que menos quieren encontrar cuando llegan a la casa son gritos y quejas. La mujer puede hacer del hogar un descanso para el alma o un tormento para el espíritu.

A la mayoría de los hombres les agrada una casa limpia, una esposa dispuesta y de buen humor, unos hijos bien portados y paz en el hogar. Usted como esposa, puede hacer un esfuerzo para lograrlo.

El deseo es generalizado en la mayoría de los hombres, de tener una esposa que se preocupe por él.

De la misma manera el hombre puede llevar a cabo tareas fáciles que pueden incrementar estas conductas positivas en su esposa.

La Admiración

La admiración es una necesidad importante en la vida de pareja también. Todos necesitamos de las alabanzas y expresiones de gratitud de parte de los demás.

Existen personas que necesitan un poco más de esta área que los demás. Necesitan sentirse amados y admirados.

Los esposos necesitan sentirse admirados por sus esposas y no presionados solamente para lograr ciertas metas financieras. La admiración sincera es un gran motivador para los hombres.

Efesios 5:33 *"Por lo demás, cada uno de vosotros ame también a su mujer como a sí mismo; y la mujer respete a su marido."*

Para que una mujer respete a su marido debidamente, el marido debe amarse a si mismo y amar a su esposa. Este verbo AMAR, en el griego Koiné es AGAPE . Es el tipo de amor que Dios espera del marido hacia la esposa. Es un amor que contiene caridad y misericordia. Cuando el marido es misericordioso con su mujer, eso desata en ella un deseo de admiración y respeto hacia el.

No importa cuán grandes sean los problemas en el trabajo o en otras áreas, si el hombre se siente admirado y respetado, puede vencerlos.

Las palabras de apoyo, admiración y ánimo son suficientes para levantar a cualquiera. La crítica es devastadora. Puede aplastar a tu pareja.

Proverbios 12:18 Hay hombres cuyas palabras son como golpes de espada, pero la lengua de los sabios es medicina.

Proverbios 18:4 Aguas profundas son las palabras de la boca del hombre; y arroyo que rebosa es la fuente de la sabiduría.

Proverbios 24:26 ¡Besados sean los labios del que responde con palabras correctas!

Algunos consejos para ambos

Propóngase ayudar a su esposa en algunas tareas domésticas. Ayúdele a su pareja en las tareas que le agobian: hacer los reportes financieros, lavar los platos, cuidar los niños, cortar el césped, hacer llamadas telefónicas, lavar el auto, etc.

Mantenga la casa limpia y ordenada dentro de lo posible. Notará como la limpieza externa ayudará en lo interior.

Planee una salida con sus hijos por lo menos una vez al mes. Y por lo menos una vez a la semana dedique un buen rato a ellos, a escucharles, hacer las tareas con ellos, acostarlos, etc.

Tome la iniciativa como esposo de leer la Biblia, ir a la iglesia y orar como familia. Cada vez que esto nace de usted, la esposa lo valorará y responderá a su responsabilidad con admiración y devoción.

Haga de su hogar un refugio, un nido de paz y armonía. Un lugar donde de gusto estar.

Antes de que llegue el esposo, déle de comer a sus hijos y dedíqueles tiempo de calidad. Cuando llegue él hágales saber a sus hijos que ya ellos fueron atendidos. Haga sentir a su marido como lo más importante. Recuerde que en la lista de prioridades él está antes que los niños.

No reciba a su esposo con las quejas del día. Guárdelas para después de la cena.

Recíbalo con una sonrisa y un abrazo. Marido, no traiga los problemas del trabajo a la casa. No ponga un yugo más pesado sobre su esposa. Ya con la carga del hogar y los hijos es suficiente. Además con la de su propio trabajo, en caso de que además, tenga uno. Díganse 5 alabanzas (cumplidos, halagos) originales antes de irse a dormir. Que lo último que escuchen a la hora de descansar sea: "buenas noches mi amor... Dios te bendiga...te amo"

Una esposa tiende a valorar mas a su esposo cuando él aprende a crear un ambiente cariñoso y expresa repetidas veces y claramente su amor por ella; aparta tiempo todos los días para hablar sólo con ella con atención e interés no dividido. Es completamente honesto y abierto con ella; comportándose como un caballero con ella y le proporciona apoyo financiero. Cuando está comprometido a la moral y desarrollo educativo de sus niños y la ayuda con las tareas de la casa. Cuando no la trata como una hija o una mamá sino que la ama con un amor ágape. El amor que está dispuesto a sacrificar la propia vida por el otro. Ese amor de compañero y protector.

Cuando valora sus dones y talentos y no se siente retado ni celoso de ellos, sino que procura una plataforma para que su esposa los desarrolle y ejercita.

Cuando la trata como su socia, en lugar de su empleada. Cuando le habla como un director y un líder, proveyendo guía, y nunca como un jefe.

Un esposo tiende a valorar y demostrar amor a su esposa cuando ella aprende a compartir relaciones sexuales que ambos encuentran satisfactorias. Cuando lo convierte en su compañero recreativo favorito y mantiene la apariencia personal de una manera que él la encuentre físicamente atractiva.

Cuando maneja responsabilidades de la casa; lo entiende, respeta y aprecia más que a ningún otro. En especial cuando lo trata como a un esposo y no como a un hijo, ni como a un papá. Ver Tito 2:4

Allí se amonesta a que las mujeres mayores enseñen a las esposas más jóvenes FILANDROS y FJLOTEKNOS. La diferencia entre estos dos tipos de amor son esenciales.

Es tan importante impartir y transmitir el conocimiento que se adquiere, así como la experiencia. Si las mujeres maduras y con experiencias positivas matrimoniales se esforzaran por ser ejemplo a las más jóvenes o a las que empiezan en la vida conyugal, todo sería más positivo. Cuando la Palabra de Dios nos exhorta a "enseñar" (*en el griego: sofronizo, quiere decir hacer que alguien recobre su buen juicio, significa moderar, refrenar, disciplinar*) se refiere a un proceso de seguimiento hasta el final, hasta verificar que todo lo demandado ha sido cumplido. Por lo tanto la exhortación es muy delicada e importante.

La ignorancia a menudo contribuye al fracaso de la pareja de cuidar el uno del otro. Los hombres tratan de suplir las necesidades que ellos valoran y las mujeres hacen lo mismo. Pero la verdad es que sus necesidades muchas veces son diferentes y se pierde el tiempo y esfuerzo tratando de llenar las necesidades equivocadas. Lo que es importante para mí puede ser que no lo sea para mi esposo, o viceversa. Es primordial descubrir juntos las necesidades afectivas y emocionales.

Las necesidades correctas son tan fuertes que si no se suplen en el matrimonio, la gente optará por llenarlas y satisfacerlas fuera de él. Pero aparte del riesgo de una infidelidad, las necesidades emocionales importantes deben suplirse por amor a la pareja. Las buenas intenciones no son suficientes.

El matrimonio puede ser para toda la vida cuando se llenan las necesidades emocionales más importantes de los dos y se evita herir al otro.

Los regalos que ella puede dar a su esposo son los atributos incluidos en el verbo AMAR (específicamente para las esposas)

FILANDROS: *honestidad, benevolencia, bondad y cortesía, protección, tiempo, cuidado. Es ser aficionada del marido. Ser esposa, amiga y amante del marido. La palabra sugiere cariño, consuelo y devoción.*

Filandros elimina la queja, el menosprecio y la falta de valoración. Como mujer, tome su tiempo para decirle a su esposo cuán agradecida está por las cosas que él provee, por el hogar que poseen, y lo que puede comprar. Saque el tiempo para felicitar a su esposo en las cosas buenas que hace. Por un trabajo bien hecho, una conferencia bien dada o una enseñanza. Esto le hace subir su auto-estima y confianza. No necesitará escucharlo de nadie más. Estos principios pueden ser aplicados tanto para el marido creyente como para el que no lo es. Trate de buscar el detalle positivo y bueno. Pase por alto las faltas. No las subraye ni las estime demasiado. A veces nos fijamos más en lo que no se ha hecho que en lo que se ha logrado.

Tengan en cuenta lo siguiente:

1. No compare a su cónyuge con nadie. Piense en las virtudes de su esposo/a y enfatice los aspectos positivos de su personalidad y carácter. No hay otro como su pareja. No intente que se parezca a nadie.

2. Aprenda a olvidar los errores pasados. El traer a la memoria heridas pasadas hace que se fortalezca esa herida. Aprenda a perdonar. No albergue amargura contra suya. Tenemos la tendencia a descuidar lo que la Palabra nos exhorta a hacer: "Y perdónanos nuestras deudas, como también nosotros hemos perdonado (original griego) a nuestros deudores" (Mateo 6:12).

3. Anime a su pareja en los momentos de prueba. Trate de ver lo positivo que puede provenir de una experiencia negativa. Dios trabaja de este modo para hacernos crecer. "Y te acordarás de todo el camino por donde te ha traído Jehová tu Dios estos cuarenta años en el desierto, para afligirte, para probarte, para saber lo que había en tu corazón, si habías de guardar o no sus mandamientos" (Deuteronomio 8:2).

4. No critique a su pareja en público. El ridículo y la burla desencadenan humillación y pesar. En vez de eso, ¡estimúlelo y alábelo sinceramente! La mujer virtuosa "le da ella bien y no mal todos los días de su vida." Prov. 31

5. Como esposa, sea agradecida y esté contenta de acuerdo a los ingresos de su esposo.

6. Aprendan a respetarse y amarse a pesar de sus defectos. Un hombre ansía respeto y admiración, mientras una mujer desea ser amada.

7. Solidarícese con su pareja y sus conflictos en el trabajo. Muchos hombres enfrentan hostilidad y burla de manera continua durante su día de trabajo. Se sienten atacados, humillados y amenazados. Enfrentan tentaciones y situaciones difíciles. No sea usted partícipe de estos maltratos, sino que anímele a seguir adelante. El hombre con frecuencia no quiere explicar los problemas porque esto significa volver a vivir una desagradable experiencia, así que puede ser difícil lograr que relate lo que le ha pasado. Trate de ser sensible a sus problemas y hacer del hogar un lugar pacífico y sin tensiones

8. Desarrolle proyectos e intereses que contribuirán al bienestar espiritual de su familia.

Aprenda a ajustar su horario a las responsabilidades en la iglesia y tenga en orden sus prioridades y necesidades. Si su pareja desea participar en las actividades de la iglesia, anímele y prepárele el camino para que pueda lograr sus propósitos. Como esposa, motive estas conductas en su esposo para que no sea de los que dejan de lado lo espiritual. La mujer virtuosa "considera los caminos de su casa y no come el pan de balde." Por consiguiente, "se levantan sus hijos y la llaman bienaventurada; y su marido también la alaba" (Proverbios 31:27, 28).

9. Si no están de acuerdo en un punto, no lo sigan tocando. Si usted no puede ser parte de la solución, no sea parte del problema. Si de todas maneras, el esposo insiste en proseguir, déjelo que lo haga y que aprenda de sus fracasos. Muéstrele que su confianza en él no depende de que nunca tome decisiones equivocadas.

10. Cuando discutan, entrénese para atacar el problema, no a la persona.

11. Cada mañana comprométase a eliminar la culpa y la crítica para con su pareja. Aprenda a disculparse cuando esto suceda.

12. Pídale a su pareja que escriba las cosas que le hacen sentir especial, valorado y respetado. Péguelas en su lado de la cama y léalas diariamente.

13. Desarrolle compasión y bondad para con su compañero-a.

14. Aprenda a pedir lo que necesita de manera concisa y siempre explique el por qué es importante para usted. Su pareja no lee la mente. El que pide, recibe.

15. Aprenda qué cosas pueden mejorar su comunicación verbal y no verbal. Instrúyase.

Capítulo Cuatro

Los Rivales del Romanticismo

Identificando los rivales del romanticismo

Existen varios hábitos o conductas que tienden a eliminar el amor romántico en la pareja. Se desarrollan después del casamiento y destruyen la intimidad, confianza y el romanticismo.

Estos rivales destructivos tienen que ver con las actitudes y con el comportamiento.

Todo comportamiento comienza primero con una actitud. Esa actitud, como lo explicamos en el primer capítulo, dispara una serie de hábitos conductuales tanto positivos como negativos. Debemos ser cuidadoso en el tipo de semillas que estamos sembrando dentro de nosotros, pues tarde o temprano darán un fruto.

Las demandas egoístas, los juicios deliberados, los arranques explosivos de ira, son actitudes que poco a poco se convierten en hábitos destructivos. Esos hábitos molestos, conllevaran a una conducta independiente (cuando el que esta casado actúa como si fuera soltero) y esa conducta terminará en deshonestidad.

Estos enemigos del amor están claramente señalados en la Palabra de Dios:

1. El Enojo (I Corintios 13:5, Efesios 4:26, Tito 1:7) Enojo (en el griego: orgilos, que no solo se refiere a la persona que se enoja con facilidad sino a la persona que hace a alguien enojar, el que provoca a ira e irrita al otro) Los padres no deben provocar a ira a sus hijos ni a sus cónyuges. La persona que está hostigando a cada momento llega a cansar y a desarrollar sentimientos de frustración cada vez más difíciles de sobrellevar.

2. El Juzgar (I Corintios 13:5, Mateo 7:1, Romanos 14: 10,13- Lucas 6:37) Pensar, suponer y concluir injustamente acerca del otro. Juzgar (en el griego krino: Desquitarse o tomar revancha estando a punto de sacar conclusiones, condenar, pensar de cierta manera acerca de alguien, juzgar rápidamente, poner en juicio) Cuando nosotros creemos que sabemos las razones por las cuáles una persona hace lo que hace, estamos juzgando. El motivo o razón sólo Dios la sabe. Nosotros no somos dioses ni podemos tomar el lugar de Dios. No juzguemos para que no seamos juzgados. Libérese dela necesidad de juzgar a otros.

3. (I Corintios 13:5 I Timoteo 3) las conductas inadecuadas matan el romanticismo y la confianza en la pareja. (asjemoneo: actuar indecorosamente, torpemente, para avergonzar) No avergüence a su pareja ni actúe indecorosamente. Esto destruye la auto-imagen y el auto -estima en las personas. Crea sufrimiento y dolor innecesarios. Procure tener kosmios: buen comportamiento, modestia, decencia.

4. (I Corintios 13:4-5) la envidia, el egoísmo entre esposos (de la raíz griega: zelos que significa celo negativo entre la pareja, un tipo de envidia que destruye. De la voz griega zeteo geautós: que quiere decir buscar lo de cada quien, tratar de conseguir, pedir y reclamar lo suyo propio. El reclamo es una actitud egoísta que conlleva a la destrucción del amor de pareja.

5. (I Corintios 13:8 I Timoteo 3:11 Tito 2:6-7) la deshonestidad o falta de integridad (incluye la infidelidad) (Debemos ser fieles. del griego: pistos, peitho: fiel, confiable, digno de crédito, genuino. El que merece crédito o credibilidad; creíble, leal, obediente) apthoria: integridad, sinceridad.

6. (I Corintios 13:4) el orgullo y la arrogancia matan el amor.

7. El Maltrato (Efesios 5:28-29, Colosenses 3:19) Tener amargura el uno con el otro, debido a la falta de perdón, conlleva al maltrato. Del griego: pikraino. Significa ser duro o hacer sollozar a alguien, haciendo sonidos de dolor o pena generalmente acompañado de lágrimas. amargar, irritar. Afectar a alguien siendo ofensivo al punto de subir la voz. Es la inclinación del ser humano de juzgar severamente. Cuando esto sucede, las oraciones de ambos son estorbadas.

8. La falta de sujeción (Efesios 5:22, Colosenses 3:18) La falta de respeto a la autoridad crea desilusión y desaprobación. De la misma manera que la mujer debe aprender a sujetarse voluntariamente a su esposo y darle honor, de la misma manera el esposo debe mostrar sujeción para con sus autoridades: el jefe, el pastor, etc) Un líder muestra y demuestra. Debe ser un seguidor antes de llegar a ser un guía. Un buen liderazgo es motivo de orgullo y admiración y trae confianza a la relación.

9. (1 Pedro 3:7) la falta de sabiduría y comprensión pueden arruinar el amor romántico. Que los maridos vivan sabiamente con sus mujeres y tratándolas como vaso más frágil. Recordando que ellos también son vasos frágiles y que necesitan consideración y respeto.

10. (Efesios 5:19) Las palabras negativas matan la relación de pareja. Efesios nos insta a hablar a cada uno con palabras positivas, con salmos y alabanzas.

11. (Efesios 4:31) la amargura, el enojo, gritería son ingredientes perfectos para un matrimonio herido. No es con gritos que se entienden las personas, sino que aprenden y reaccionan a las palabras cálidas y amenas. Que los gritos no formen parte primordial de su relación de pareja.

12. (Efesios 4:26) acostarse enojados va matando el amor poco a poco. Si lo último que usted y su pareja reciben de parte del otro es una actitud negativa e hiriente, eso fortalecerá heridas internas que le atarán y le harán reaccionar de una manera inaceptable como hijo de Dios. Nunca vaya a la cama enojado.

Mejor es morar en tierra desierta que con la mujer rencillosa e iracunda --- Proverbios 21:19

El hombre iracundo promueve contiendas; mas el que tarda en airarse apacigua la rencilla --- Proverbios 15:18

El hombre iracundo levanta contiendas, Y el furioso muchas veces peca. La soberbia del hombre le abate; Pero al humilde de espíritu sustenta la honra ---Proverbios 29:22-23

Otros enemigos del romanticismo

Culpabilidad
Depresión
Soledad
Ansiedad
Rutina
Cansancio
Falta de tiempo
Falta de atención
Exceso de trabajo
Las deudas
Interferencia de terceras personas en la relación (suegros, amigos, etc.)
Expectativas demasiado altas
Uso de drogas, medicinas y otra clase de medicamentos que suelan adormitar y producir efectos secundarios en el carácter y comportamiento.
Hábitos y adicciones
Demasiado éxito o fracaso en los negocios

Decidiendo Intencionalmente conductas positivas
Diga en voz alta

Escojo amar a mi cónyuge
Escojo pasarla bien y disfrutar con mi pareja
Escojo tener paciencia con mi pareja
Escojo ser bondadoso con mi pareja
Escojo complacer a mi pareja
Escojo tener dominio propio en nuestra relación
Escojo perdonar a mi pareja
Escojo honrar a mi cónyuge
Escojo confiar en mi cónyuge
Escojo ser comprensivo con mi pareja
Escojo crecer junto con mi pareja
Escojo animar a mi pareja
Escojo ayudar a mi pareja
Escojo ser honesto con mi pareja
Escojo serle fiel a mi cónyuge
Escojo no ser egoísta con mi pareja
Escojo darle esperanza a mi cónyuge
Escojo hablarle en amor a mi pareja
Escojo ser la pareja de mi cónyuge por el resto de mi vida!

Capítulo Quinto

Los Argumentos

Cómo dejar de lado los argumentos

Usted debe aprender a dejar y abandonar un argumento. Un argumento es un razonamiento empleado para convencer a alguien de algo o para demostrar algo. Las parejas felices saben cómo arreglar la situación antes que un argumento parezca fuera de control. Los argumentos son una manera lícita de comunicación si son justos, honestos y claros.

1. Escoja el momento y lugar oportunos. De esto depende un gran porcentaje del éxito a la hora de resolver problemas o situaciones difíciles. No escoja un momento cuando ambos estén cansados, al final del día o frustrados. Busque un momento y lugar neutral. Salgan de su entorno.

2. Deshágase de la ira y el enojo. Si está irritado, no se esfuerce por resolver un problema ni tener un argumento. En este caso cambie la conversación a algo que no tenga nada que ver con el tema. Vaya a dar una vuelta, camine o corre. Salga de la casa y regrese cuando se calme. Esto evitará consecuencias graves a la hora de discutir.

3. Tenga sentido del humor . Una vez que el enojo haya cedido, dele cabida a una actitud positiva y de optimismo. Si mantienen una actitud negativa, de esa manera terminará todo.

4. Decida aprender a escuchar y no a hablar a la ligera. Dé tiempo para que cada uno exponga su punto de manera clara y concisa. No tome demasiado tiempo exponiendo la situación. No convierta el diálogo en un monólogo sino que invite a la comunicación.

5. Deje en claro que ustedes están en un terreno común ("Este es nuestro problema"); No señalen ni busquen un causante. Compartan la responsabilidad. Es más fácil resolver una situación compartida. Esto les concierne a los dos porque ambos se verán afectados.

6. Deténgase (usted tiene que ceder para ganar) Si hay actitudes que quieren aflorar por el calor de la situación. Deténgase. Trate de pensar bien antes de hablar.

7. No use el sarcasmo ni palabras hirientes. Recuérdese a usted mismo lo que la Palabra enseña con respecto a quitar toda maledicencia y palabra hiriente de nuestra boca. Eso no le añadirá poder al argumento ni valor. Tampoco resolverá el problema. Lo que ocasionará será una herida en el corazón de su pareja.

8. Ofrezca signos de apreciación hacia los sentimientos de su pareja mientras conversan. Déjele saber que entiende su desánimo y frustración y que está interesado en aliviar tales sentimientos.

9. Si un argumento se enciende demasiado, tome una tregua de unos 20 minutos y acuerden volver a retomar el tópico cuando ambos estén calmados. Cuando una discusión no está llevando a ningún lago, pida una tregua. Actúe con madurez.

10. No salte de un tema a otro. Resuelva uno a la vez. No pierda la perspectiva ni el enfoque. Si hace esto, sólo obtendrá "problemas" y no "soluciones".

11. No trate de dar ni obtener "toda" la información de una sola vez. Vaya por puntos. . La tendencia de "tirar todas las piedras" de una vez lo que acarrea es más daño que bien.

12. No trate de ganar un argumento sino que enfóquese en resolver el problema. Aquí lo que importa no es quien gana sino que ambos ganen. No se enfoquen en sus propias ideas ni perspectivas sino pongan sus fuerzas en la resolución de la situación que les está molestando. 13. Aprenda a negociar. Esta es una táctica muy saludable y positiva. Practíquela. 14. Busque ayuda pronto. Vuélvase a Dios y pídale una estrategia para su situación. Propicie la oración y la reconciliación. 15. Vea su problema como una oportunidad para que Dios lleve a cabo un milagro. "Las parejas que oran juntas, se mantienen juntas" 16. Cuando las parejas tratan de asumir o leer la mente de sus cónyuges, generalmente suponen lo erróneo. Esto sucede especialmente en parejas que discuten demasiado. El individuo que trata de leer la mente de su compañero generalmente asume que sabe lo que su cónyuge siente y piensa. Esto es juzgar y en la mayoría de los casos se cae en error y se crean más problemas. 17. Trate a su pareja como un amigo. Sea gentil y considerado. No use tácticas extremas para ganar un punto. No tire puertas ni grite. No culpe ni ridiculice ni ataque a su pareja. 18. Identifique su propia contribución al problema. No apunte a su pareja de toda la culpa de la situación. 19. Presente soluciones al problema en cuestión, no sólo exponga lo que le molesta. Si no puede remediarlo o no está dispuesto a hacer algo a cambio, no toque el tema. Ore a Dios y ponga todo en sus manos. Mientras tanto, pídale también que le de una solución.

Capítulo Sexto

La Comunicación

Comunicación en el matrimonio

Conversar y dialogar no son lo mismo. En la conversación hay un intercambio de ideas, información, del modo de ver las cosas. El diálogo, en cambio, tiene como fin la comunicación a un nivel más vivencial, más íntimo, para no convertirse en dos desconocidos que viven juntos, uno al lado del otro. El diálogo evita que un pequeño disgusto acabe siendo un problema. La pareja debe buscar, además, la comunicación de sentimientos que les descubrirán la riqueza personal que hay en el interior de cada uno. Para dialogar es necesario: escuchar, aceptar al otro como es, y confiar.

a) Escuchar.
No es lo mismo oír que escuchar. Escuchar es tener una actitud activa, es darme cuenta no sólo de las palabras, sino de quién es la persona que me habla.

b) Aceptar al otro como es.
El segundo paso de nuestra comunicación y diálogo es el de la recíproca aceptación. No es lo mismo tolerar que aceptar. Tolerar significa consentir. La aceptación es reconocer. Reconocer los valores, talentos y también los defectos. Debemos aceptar a nuestro cónyuge tal cual es, con sus virtudes, sus defectos, sus sentimientos, su peculiar estilo de personalidad. Y debemos llegar a la comunicación íntima con él sin tratar de cambiarlo.

c) Confiar.

El diálogo se mide por la verdad que hay en la comunicación. La confianza es creer en uno mismo y creer en el otro. Es la decisión de ser honesto con el otro. La confianza es la llave de toda comunicación. La estabilidad de la pareja se apoya en la fe y confianza mutua. Todo el proceso del diálogo es un esfuerzo constante para llegar a la identificación con el cónyuge. Es la maravillosa oportunidad que tenemos para desarrollar y hacer crecer nuestro mutuo conocimiento y construir una relación de amor. Sin diálogo no hay posibilidad de vida en común.

El momento y lugar más oportuno para que el diálogo sea eficaz, dependerá de cada pareja. Debe buscarse un ambiente tranquilo, de paz, los dos solos, sin prisa.

ALGUNAS ACTITUDES QUE PUEDEN AYUDAR A PREVENIR POSIBLES CONFLICTOS MATRIMONIALES

Aprendamos a tener diferentes puntos de vista sobre una misma situación. Una misma realidad puede ser abordada desde diferentes puntos de vista. Es importante tener en cuenta todo esto antes de desgastarnos en una discusión estéril que rompa el diálogo en el matrimonio.

Expresar emociones en lugar de formular acusaciones

Plantearse objetivos comunes y compartir actividades y aficiones

A nivel económico mantener una comunicación sincera, no pretendiendo vivir por encima de las posibilidades económicas de la familia.

Mantener una comunicación no verbal saludable. Hay manifestaciones que permiten expresar nuestros sentimientos: una mirada, un abrazo, un beso, unas manos entrelazadas, no son más que otra forma de comunicación.

La expresión corporal es un verdadero diálogo, que alcanza su grandeza en la manifestación sexual. Como lenguaje sirve para expresar y perfeccionar el amor, la entrega y la unión de los esposos.

Hablar la verdad en amor, decir lo que está en el corazón y no guardar rencor.

Controlarse y examinarse a uno mismo

LOS PELIGROS EN EL SILENCIO

El hecho de que un cónyuge no hable o este constantemente en silencio, provoca en el otro un sentimiento de culpa. Puede experimentarse incluso como castigo. Muchas personas se desesperan porque el cónyuge responde, sólo con monosílabos a su deseo de comunicación, de coparticipación de los problemas conyugales. El insistir en preguntar al otro que siente, qué le ocurre, no hace más que darle a éste último un gran poder, precisamente el de no responder.

Un poder negativo de coacción que, a la larga, acaba por frustrar gravemente al cónyuge que pretende desesperadamente hablar, COMUNICARSE.

Muchas veces el silencio es una MÁSCARA: oculta la incapacidad de comunicarse, de admitir que uno se ha equivocado, esconde las debilidades, el miedo de la realidad matrimonial, la irresponsabilidad, etc.

Una especie de "silencio" es el cubrir conversaciones triviales, casi como "hablar por hablar".

QUERER TENER SIEMPRE LA RAZÓN, NO ES CO-MUNICARSE. TAMPOCO EL DAR ÓRDENES. Comunicarse significa; ACEPTACIÓN, PARIDAD DE DERECHOS Y DEBE-RES IGUALDAD COMPRENSIÓN, LEALTAD, VERDAD.

La palabra comunicación significa tener "comunión" con alguien. No es sólo oír o decir algo.

CONDICIONES PARA UNA BUENA COMUNICACIÓN

Cuando ambos promueven un camino de crecimiento psicológico y espiritual, ambos ganan en la relación.

No sentirse nunca como VICTIMA. El sentimiento que victimiza le hace mucho daño a la relación de pareja.

No tener la concepción de que comunicación es sólo querer HACER SIEMPRE Y SOLO JUSTICIA.

No tratar de cambiar a la otra persona sin estar dispuestos a cambiar nosotros primero.

Tratar de tener conversaciones sobre "la pareja" y no sólo sobre los demás (los hijos, nietos)

Disfrutar su tiempo a solas el uno con el otro. Sacar un tiempo para los dos.

Inventar cosas nuevas, nuevos intereses, viajar, participar en cursos y conferencias, visitar exposiciones, crear nuevas amistades... de modo que se estimulen viejos deseos, antiguos sueños abandonados o frustrados.

Renunciar a los resentimientos, rencores y venganzas. No nos referimos a OLVIDARLOS, sino DESPRENDERSE DE ELLOS, ABANDONARLOS.

Buscar lo que une, no lo que separa.

SER ESPONTÁNEOS, SER AUTÉNTICOS y DECIR LA VERDAD DE MODO SENCILLO, LIMPIO.

ÚLTIMOS CONSEJOS

Una de la de las formas de comunicación que siempre es buena cuando los cónyuges no consiguen expresar sus sentimientos, es exponerlos en una carta. Su mensaje llegará mejor al otro y servirá mas adecuadamente a tal fin. Hoy en día usted puede utilizar el correo electrónico, el texto, las redes sociales privadas. El escribir le permite decir todo lo que lleva por dentro sin temor a no ser escuchado o interrumpido.

Procure nunca interrumpir al otro mientras está hablando o desahogándose. Esperen pacientemente su turno y después con calma digan todo lo que piensan CUESTE LO QUE CUESTE.

Si no entiende un concepto pida que se repita. Sea humilde en la relación; en caso contrario corren el peligro de crear un clima de PODER, COMPETENCIA, de DESIGUALDAD.

Cultiven el amor y tengan paciencia, comprensión y tolerancia. Sean perseverantes y no se desanimen.

Mantengan una disposición personal de ayuda al otro. Apoyen las ideas que cada uno tenga y desarróllenlas.

Fomenten el sentido del humor. Las caras largas y actitudes agresivas hacen todo más difícil y destruyen el amor.

Sean objetivos y sepan interpretar lo que el otro quiere decir verdaderamente.

Dispónganse a dar más que a recibir

COMUNICACIÓN Y ASERTIVIDAD

Ser asertivo es simplemente tener templanza de carácter. ¿Cómo se logra esto? No cayendo en extremos. Es cuando una persona no es pasiva pero tampoco es agresiva. Si eres asertivo, puedes dar a conocer tus puntos de vista, comunicarte de una mejor manera, hacerte entender, lograr comprensión por parte de los demás, ser un líder y conseguir que los demás te sigan.

La Asertividad es básicamente un estado mental que le impide a otras personas imponernos sus órdenes siempre y cuando éstas vayan en contra de nuestros principios, deseos, valores o de nuestra voluntad.

La asertividad se basa en el respeto y estima hacia nuestra pareja y hacia los demás. Es defender mis derechos sin violar los de la otra persona.. y viceversa.

El sumiso se deja manipular. El agresivo manipula y viola los derechos del otro.

Una persona asertiva dice lo que piensa y piensa lo que dice. Las personas con tendencias sumisas manejan altas dosis de inseguridad, ansiedad, rabia contenida, sentimientos de culpa, falta de logro, tristeza y depresión. Si tu eres uno de esos casos necesitas ayuda. Dios esta de tu lado, y pondrá las oportunidades correctas y las personas correctas para ayudarte, pero tu debes desear salir de la posición sumisa donde estás. Es necesario comprender que la asertividad no se trae, se enseña. Tu puedes aprenderla.

¿ERES ASERTIVO?

Somos asertivos cuando sabemos transmitir nuestras ideas, comunicar sin temores o timidez, nuestras dudas o preocupaciones.

La asertividad te permite decir lo que piensas y luego actuar en consecuencia, haciendo lo que consideras más apropiado para ti mismo, defendiendo tus propios derechos, intereses o necesidades sin agredir u ofender a nadie, ni permitir ser agredido u ofendido y evitando situaciones que causen ansiedad.

Principios básicos para lograr una correcta comunicación asertiva afectiva

1. Hacer una petición en lugar de una demanda. Las primeras demuestran respeto por el otro y mejoran la comunicación. Es muy distinto escuchar : "¿puedes apagar la tele mientras hablamos?". que "¡cuando estamos hablando, quiero que apagues la tele!"

2. Hacer preguntas y no acusaciones. Las acusaciones sólo desencadenan defensa y no llevarán, por lo tanto, a ningún lado. Es diferente, aunque signifique lo mismo, decir "¿me estás escuchando?" que "¡otra vez no me estás escuchando!"

3. No etiquetar a tu pareja. Esto no ayuda a que la persona cambie, sino que refuerzan sus defensas. Hablar de lo que es una persona sería: "te has vuelto a olvidar de sacar la basura. Eres un desastre ; mientras que hablar de lo que hace sería: "te has vuelto a olvidar de sacar la basura. Últimamente te olvidas mucho de las cosas".

4. No acumular emociones negativas sin comunicarlas. Pues producen hostilidad destructiva.

5. Discutir los temas de uno en uno. No te "aproveches" que se está discutiendo sobre la impuntualidad de la pareja para reprocharle de paso que es un despistado, un olvidadizo y que no es cariñoso.

> - *Haga contacto visual con el interlocutor*
> - *Tenga un tono emocional cálido y cordial*
> - *mantenga un volumen de voz audible y claro*
> - *Tenga una sonrisa y gestos de acercamiento*

6. No generalizar. Los términos "siempre y "nunca" raras veces son ciertos y tienden a formar etiquetas. Es diferente decir : "últimamente te veo algo ausente" que "siempre estás en las nubes".

7. Pensar antes de hablar.

8. La comunicación verbal debe de ir acorde con la no verbal. Decir "ya sabes que te quiero" con cara de fastidio dejará a la otra persona peor que si no se hubiera dicho nada.

Capítulo Séptimo

El Pacto Matrimonial

El Contrato y el Pacto

Un contrato es un compromiso establecido con ciertas formalidades entre dos o más personas, en virtud del cual se obliga recíprocamente a ciertas cosas. En fin un contrato sirve para formalizar acuerdos donde existen los derechos y deberes. Un contrato es la garantía que se da en una negociación para que las reglas impuestas por ambas partes se cumplan.

Uno muy importante en nuestras vidas es el contrato de trabajo. Lo más probable es que una relación laboral funcione bien si ambas partes cumplen con lo prometido y establecido en el contrato.

Todo contrato es susceptible al fracaso porque como decía cualquiera de las partes en un contrato humano, podría entrar en incumplimiento, y por consiguiente equivocar el camino.

Hay contratos legales e ilegales. La ley es la que determina esto.

Nosotros como creyentes, cuando nos involucramos en pactos espirituales con el enemigo, aunque tienen vigencia debido a nuestra ignorancia, en realidad no tienen peso legal.

Según la ley de Dios, son ilícitos y el nuevo pacto de Jesús en su sangre los invalida.

Tipos de Contrato y Pacto

Pacto entendido o expresado

El pacto expreso es aquel realizado entre dos partes e insertado en el acto. Es aquel que la ley implica, aunque no sea expresado en palabras. El pacto entendido es el que se da por hecho, a través de un apretón de manos por ejemplo. Este tipo de contrato es muy fácil de romper porque no tenemos ninguna prueba contundente de que se ha realizado. Pueden haber testigos presentes, pero aun así no es lo suficientemente fuerte como para ser mantenido. Por lo tanto, este es susceptible a ser quebrantado.

Pacto hablado Génesis 2:15 (Adán)

El pacto hablado es aquel que se realiza entre dos partes, y para conservarlo ambos deben mantener su palabra. En tiempos antiguos la palabra dada era tan importante como un contrato escrito y la gente lo respetaba. Hoy en día pareciera que la gente ya no tiene palabra. Cada vez es más difícil cumplir con lo que dice. En el caso de Adán, él recibió una orden específica de parte de Dios, a través de Su palabra. Adán debía transmitir ese contrato hablado a su mujer Eva. Cuando vino la tentación y Eva fue engañada, su mente y voluntad cedieron a la artimaña del enemigo y su palabra perdió validez. El pacto hablado es muy fácil de romper. Basta que una de las partes no mantenga sus término.

Pacto Simbólico Génesis 9:8, 12-13 (Noé)

El pacto simbólico es aquel que es recordado a través de un símbolo o elemento visual, material o tangible, para que cada vez que la persona lo vea, recuerde el pacto (escrito o hablado) que ya existe. Por ejemplo: el arco iris que Dios le presentó a Noé, el anillo de matrimonio que usamos, etc. También otro ejemplo es que a través del Bautismo establecemos un pacto con Dios. El acto del bautismo es un hecho simbólico de algo que ya ha sucedido en nosotros. Es la demostración tangible de nuestra conversión a Dios. Este pacto simbólico sin embargo, es muy frágil, porque cuando no está el elemento tangible, tendemos a olvidar las promesas realizadas.

Pacto Escrito Éxodo 32:19 (Moisés)

Gálatas 3:15
Hermanos míos, cuando en nuestra vida actual dos personas hacen un pacto, y lo ratifican con su firma, no puede luego ser invalidado ni modificado. Pues bien, Dios hizo promesas a Abraham y a su descendencia (y fijaos en que no se habla de descendientes, sino de la descendencia de Abraham, la cual evidentemente es Cristo).

El pacto escrito es aquella formalidad que se pone por papel con el fin de que ambas partes firmen y lleven a cabo su parte de dicho contrato. Una y otra vez Dios nos recuerda: "si haces esto, yo hare aquello..." "todo esto te haré si tu cumples con..." Dios nos pide que sigamos sus instrucciones y a cambio nos ofrece algo maravilloso que ni siquiera alcanzamos a considerar. El nos inscribe en el libro de la Vida.

Este tipo de contrato es válido y fuerte. En esta parte del contrato se delimitan los deberes y obligaciones de las partes involucradas. Este es el problema, que tendemos por lo general a ver solamente los deberes, y nos quejamos, pero también existe la otra parte que tiene que ver con los derechos y beneficios. En el caso del matrimonio los derechos y beneficios superan ampliamente a los deberes.

Algunos de los beneficios que se dan en el matrimonio son:
Derecho a amar
Derecho a ser amado
Derecho a tener a la amiga o amigo más leal que nunca
Derecho a formar un hogar
Derecho a caminar juntos en las buenas y en las malas
Derechos a sentirnos escuchados y derecho a expresar sentimientos íntimos que se dan en la vida de pareja
Derecho a ser feliz

Este tipo de contrato, aunque es válido y fuerte, no es infalible o garantizado, porque aunque a veces exista la mejor intención de hacer las cosas bien, a veces falla una de las partes rompiendo los acuerdos tomados y sencillamente se rompe el contrato.

Muchas veces, la causa principal de un rompimiento de un pacto o contrato tiene que ver con que estamos más preocupados de hacer valer nuestros derechos y no nos hacemos cargo de nuestros deberes y responsabilidades.

Un Pacto mas fuerte y duradero

Existe un tipo de pacto mucho mas duradero, que ha sido practicado entre los hombres desde la antigüedad y del cual Dios hace referencia en Su Palabra. Se trata del pacto de sangre.

La sangre contiene la vida misma. En Génesis 9:4, Deuteronomio 12:23, leemos: *"la vida de la carne en la sangre está"*. Todos los otros pactos son reforzados por un pacto mayor, el de sangre. Es la culminación. En el matrimonio, el pacto entendido (el beso) el pacto hablado (las promesas) el pacto simbólico (el anillo) el pacto escrito (el contrato legal) son fortalecidos y sellados por el pacto sublime de intercambio de sangre. Esto se lleva a cabo a la hora de consumar el matrimonio en la intimidad.

El pacto de sangre jamás puede ser roto. Es necesario otro pacto de sangre para poder invalidarlo. Es por eso que el hombre y la mujer están unidos hasta que la muerte los separe. La única causa por medio de la cual dicho pacto es anulado, es por medio de la *"fornicación o porneia"* . No es solamente la infidelidad en si, sino la práctica de "porneia" *(Puede encontrar toda la explicación en nuestro libro: El Matrimonio según Dios)*

En el caso del matrimonio, el pacto de sangre requiere que ambos participantes estén dispuestos a entrar en una relación nueva de rendición absoluta el uno con el otro. Aunque dos individuos separados comenzaron la ceremonia, sólo un ser surge al final. Los dos llegan a ser uno, a través de la consumación del matrimonio por medio de la unión íntima y los resultados de esta unión espiritual no se pueden deshacer. El convenio es irrevocable.

Cuando la pareja se junta y crea un vínculo de unión a través del pacto del matrimonio, lo hacen con el fin de cumplir el propósito de Dios en la tierra. Sus propios ideales, ambiciones y metas ocupan ahora un segundo lugar.

(Mateo 19:6 KJV)
"Así que, ya no son más dos sino una sola carne, por lo tanto lo que Dios juntó no lo separe el hombre"

El propósito del convenio de sangre es atar a dos individuos. El convenio se hace en la sangre para demostrar que debe ser un convenio eterno. La vida o el espíritu de un hombre, según las escrituras, se dice que está en la sangre de la persona misma.

(Deuteronomio 12:23 KJV)
Asegúrense de NO comer la sangre
porque en la sangre está la vida;
por eso no comerás la vida con la carne

En prácticas antiguas se hacían pactos de sangre por medio de sacrificios animales, denotando el hecho de rendir o dar la vida por otro. De la misma manera que el animal sacrificaba su propia vida, igualmente el esposo y la esposa prometen vivir el uno para el otro, aunque esto signifique que algún día les costará dar la vida por el otro.

Ya no necesitamos que un animal sea sacrificado para realizar el pacto de sangre y demostrar así el amor y la devoción. Para el cristiano, Jesús es el cordero de Dios, sacrificado por nosotros. Su sangre fue derramada por cada uno. Esa misma sangre está presente en nuestro pacto matrimonial.

Marcos 14:23 (Pacto de Sangre con Jesucristo)
"Esto es mi sangre, que va a ser derramada en favor de muchos, para sellar el nuevo **pacto de Dios con el hombre**"

Diferencia actual entre contrato y pacto

Un conjunto de obligaciones legales vinculadas a posiciones sociales particulares y que no están sujetas a variación por ninguna de las partes es un contrato. Generalmente un contrato tiene una fecha límite o de expiración, después de la cual dicho contrato puede ser renovado o terminado por una de las partes involucradas.

Un pacto en su sentido original es una promesa en acuerdo de dos o mas personas hecha bajo juramento y por escrito. El matrimonio lleva implícito un contrato escrito, que se sella solamente con el pacto de sangre. El contrato escrito es la prueba visual del pacto. Dios nos enseña que la relación matrimonial es un PACTO.

La esposa es una compañera legal por PACTO. Un pacto es un acto rígido y denota un arreglo permanente. La única base legal y moral para la terminación de ese pacto es la muerte. En el texto bíblico original leemos:

> **El Matrimonio es un pacto que solo se rompe con la muerte**

Malaquías 2:14 ¿Y aún preguntan ustedes por qué? Pues porque el Señor es testigo de que tú has faltado a la promesa que le hiciste a la mujer con quien te casaste cuando eras joven. ¡Era tu compañera legal de pacto, y tú le prometiste fidelidad!

Contrato	Pacto
Los términos se basan en la conformidad de la otra persona. Se involucran servicios específicos y se tiene a otra gente por testigos. *Siempre hay una condición para poder cumplir con el trato*	Los términos se basan en una promesa dada para ser obedecida. Se involucran las creencias y acciones de ambos. Se tiene a Dios por testigo. *No hay condiciones para mantener el convenio.*
Imposibilidad de cumplir con la responsabilidad debido al quebrantamiento de una de las partes. El contrato trata con asuntos seculares. *Como la otra parte no cumplió, entonces el otro tampoco lo hace.*	La imposibilidad del otro para obedecer no cambia la promesa para obedecer de la parte restante. El pacto trata con asuntos sagrados. *Aunque la otra parte no cumpla lo cometido, se mantiene el convenio.*
El contrato se termina cuando se logra lo prometido o cuando se infringe lo acordado. *Justifica a la parte que incumple a deshacer el contrato.*	El pacto se deshace solo con la muerte de una de las partes. *La duración es "hasta la muerte".*
Un contrato mantiene las cosas por separado. *Se hace especificación de las pertenencias y bienes.*	El pacto mantiene todas las pertenencias de ambas partes en común. *No hay diferencia en lo que se posee. Es de ambos.*

En el hebreo, el verbo bendecir es "**BARUCH**." Uno de los significados primordiales de esta palabra es **"DAR AUTORIZACIÓN PARA PROSPERAR**." Por lo tanto, si definimos maldición sería: **"DESAUTORIZAR PARA PROSPERAR**." Por lo tanto, convirtámonos en vehículos de bendición. Transmitamos a nuestros hijos el valor del matrimonio por PACTO y no por CONTRATO.

El matrimonio es algo más que un contrato, involucra un sacrificio mutuo y voluntario.

Ambos sacrifican su juventud, su belleza, su fortaleza y libertad para estar el uno con el otro.

Recuperemos el valor del Pacto matrimonial!

Capítulo Octavo

La Honra
en el Matrimonio

La Honra

La honra es algo que se ha perdido en la sociedad. Ya los hijos no honran a sus padres, ni los padres se honran entre ellos. La honra comienza cuando hay sujeción. Honra sin sujeción es como querer plantar una planta sin raíz. La raíz es la que la mantiene de pie y recibiendo los nutrientes necesarios para su desarrollo.

כבוד kabowd (honor, splendor, Gloria, reputación) Pesado
הדר hadar (honrar, rendir honor, adornar) Levítica 19:32
כבד kabad

En el Hebreo Original: Tiene dos connotaciones: una buena y otra mala. El aspecto negativo incluye causar pena, ser difícil, tratar mal, cargar. Cometer esos actos trae una carga de tanto pesar que luego es casi imposible quitársela de encima del cuerpo. De ahí provienen las enfermedades psicosomáticas. El aspecto positivo incluye: hacer numeroso, rico, honorable, con causa, con peso. Desde una perspectiva hebrea, hacer a alguien o algo "pesado" se refiere a cargarlo con alabanza.

Hallal: *Halal*, es una palabra que viene de *halla*, que significa desatar nudos.

El ayuno que yo escogí, ¿no es más bien desatar las ligaduras de impiedad, soltar las cargas de opresión, dejar ir libres a los quebrantados y romper todo yugo... Isaías 41 y Lucas 4:18

En el Griego original bíblico, aparece la siguiente palabra para honor: τιμή (time) de la raíz: τίνω (timo) (pagar, recompensar) Valorar el alto precio fijado en alguien. La honra que una persona merece debido a su rango, posición o función.

Deshonrar: αἰσχύνω aisjuno (desfigurar, avergonzar)

Efesios 6: 2 τιμάω timao

Estimar, poner un valor, honrar y venerar.

Proverbios 3:9   Honra al Señor con tus bienes y posesiones
Éxodo 20:12/ Deuteronomio 5:16 / Mateo 15:4/ Efesios 6:2 /
Honra a los padres
1 Timoteo 5:3   Honra a las viudas que lo son de verdad
1 Pedro 2:17 Honrar a todos

Τίμιος ὁ γάμος ἐν πᾶσιν καὶ ἡ κοίτη ἀμίαντος,
πόρνους γὰρ καὶ μοιχοὺς κρινεῖ ὁ θεός.

*Hebreos 13:4 Honroso sea en todos el matrimonio y el lecho sin man-
cilla; pero a los fornicarios y a los adúlteros los juzgará Dios.*

En el original logramos comprender mayormente el significado de la honra en el matrimonio:
1- Que el matrimonio debe ser tenido en gran precio, tenido en honor
2- que el matrimonio es algo legal / conlleva un contrato firmado ante un juez.
3- adjetivo dativo plural (para todos)
4-el lecho nupcial y el coito son sagrados y honrosos
5- ambos son sin deformidad o aberración o degradación
6- que quienes practican pornos: hombre que prostituye su cuerpo a la lujuria de otro y aquel que se involucra en relaciones sexuales ilegales , se le llama fornicario
8- adúlteros , los casados que practican moijeia. Mantener relación intima (alma y cuerpo) con otra persona que no es con quien están casados.
Si nuestra relación matrimonial está mal, estamos mal con Dios. Si no hay matrimonio legal, esa unión no es valida.

Malaquías 2:10-16: Pero aún hacéis más: Cubrís el altar de Jehová de lágrimas, de llanto y de clamor; así que no miraré más la ofrenda, ni la aceptaré con gusto de vuestras manos. Mas diréis: «¿Por qué?» Porque Jehová es testigo entre ti y la mujer de tu juventud, con la cual has sido desleal, aunque ella era tu compañera y la mujer de tu pacto.

Mateo 5:23-24 »Por tanto, si traes tu ofrenda al altar y allí te acuerdas de que tu hermano tiene algo contra ti, deja allí tu ofrenda delante del altar y ve, reconcíliate primero con tu hermano, y entonces vuelve y presenta tu ofrenda.

Maridos honrando a sus esposas

*1 Pedro 3:7 "Vosotros, maridos, igualmente, **vivid con ellas** sabiamente, **dando honor** a la mujer como a vaso más frágil y como a coherederas de la gracia de la vida, para que vuestras oraciones no tengan estorbo."*

Vivid con ellas: convivir, tener relaciones íntimas
Sabiamente: con inteligencia y conocimiento
Dando honor: asignando honor, precio y consideración por la posición que tiene, la función que ejerce
Como a vaso más frágil: la mujer es un vaso que contiene la unción y la gracia de Dios. Al decir: más frágil, se refiere a que existe otro vaso que también es frágil (varón), pero ella es más frágil.
Coherederas: heredando conjuntamente con el varón

1 Tesalonicenses 4:4
"que cada uno de vosotros sepa adquirir su propia esposa en santidad y honor"
En el original no se refiere a la esposa. La palabra allí usada es **"vaso" "utensilio" y "casa".** Esta palabra era usada como metáfora por los griegos para referirse al cuerpo.

Si analizamos τὸ ἑαυτοῦ σκεῦος κτᾶσθαι ἐν ἁγιασμῷ καὶ τιμῇ Pablo se refiere a que cada uno controle su propio cuerpo en santidad y honor. Más específicamente que cada uno esté en control de su órgano sexual en santidad y honor.

En 1 Pedro 3:7, σκεῦος es usado como "Vaso más frágil" refiriéndose a la esposa. Pero recordemos que aquí ella es comparada con un vaso más frágil, pero la palabra σκεῦος por sí sola no se traduce: esposa. Por otro lado los Tesalonicenses no hubiesen hecho esta comparación ya que solo hablan griego.

El verbo: κτάομαι que se traduce "adquirir" tiene un sentido de "recuperar"

La traducción sería: "La voluntad de Dios es vuestra santificación: que os apartéis de fornicación; que cada uno de vosotros "adquiera y recupere" su propio cuerpo en santidad y honor, no en pasión desordenada, como los gentiles que no conocen a Dios".

Esposas honrando a sus maridos

La mujer trae honra a su marido cuando voluntariamente se sujeta a el. No como esclava, ni sirviente, ni a la fuerza. *(lea la definición bíblica de sujeción en nuestro libro El Matrimonio según Dios)*

La mujer, no importando si su esposo es creyente o no, debe decidir cooperar y asumir responsabilidad de esposa. Sujetarse es el acto voluntario de querer ayudar llevando la carga. Por supuesto que la mujer se someterá en todo aquello que no vaya en contra de la palabra de Dios. Es más, la Biblia nos enseña que muchos maridos pueden ser ganados por la conducta de sus esposas y el testimonio que muestren en su hogar.

La mujer sabia, edifica su casa y es considerada con su marido. La mujer sabia honra a Dios y honra a su esposo. Amada hermana, la palabra de Dios nos dice que si alguno tiene falta de sabiduría que se la pida a Dios. La sabiduría es lo que te ayudará a tomar las decisiones correctas en el tiempo preciso.

Es lamentable como para algunos sus prioridades no han sido bien establecidas, por lo que rápidamente se ven cosechando las consecuencias de su error. Muchos han hecho de su ministerio la prioridad número uno, o a su familia la han puesto en el lugar de privilegio en su corazón. Dios es Dios celoso y no comparte su gloria con nadie. El desea el primer lugar de nuestros corazones; desea gobernar nuestras vidas y ser el Señor y Rey. Si has caído en este error, ya sea por falta de conocimiento o involuntariamente, es necesario usar la llave del *arrepentimiento* y darle a Jesucristo nuevamente el lugar que se merece.

Mi Hogar está en bendición

"Como no me has dado prole, mi heredero será un esclavo nacido en la casa". A lo que Dios contesta: " No te heredará este sino que un hijo tuyo será quien te herede". Génesis 15:3

Abram se estaba lamentando ante Dios, pues según la costumbre de la época, cuando no había un hijo a quien heredar, entonces debía ser un esclavo nacido en la casa, en este caso su mayordomo Eliezer. Abraham había tomado la decisión difícil de dejar ir a su sobrino Lot. Es muy probable que Abraham también hubiese considerado la posibilidad de que Lot se convirtiera en su heredero, pero como ya no estaba con él, surgía entonces esta interrogante hacia Dios que leemos en este versículo.

Muchas familias invierten tiempo, dinero y esfuerzo en ayudar a otros que están ajenos a su propia casa, quizás con la esperanza de que estos hereden sus talentos, llamados y también sus bienes, porque sus propios hijos no comparten la visión o el llamado que Dios ha dado. Es hora de poner nuestra fe en acción y proclamar que nuestros propios hijos serán una extensión del llamado de Dios en nuestras vidas y de los talentos y dones que El nos ha dado. No serán los de afuera, ni los extraños, ni los que están ajenos a nosotros quienes continuarán la visión que Dios nos dio. Serán nuestros propios hijos. Por eso, también debemos honrarles a ellos.

Hoy Dios te dice: *"un hijo tuyo será quien te herede"*. No serán los extraños quienes completarán el propósito de Dios para nuestras familias sino que nuestros hijos perpetuarán la bendición que nos ha sido dada.

Padre de familia, abre tu boca hoy y bendice a cada uno de tus hijos. Recuérdales su propósito, su llamado y el plan de Dios para sus vidas. Comienza hoy a reconstruir el diseño divino dentro de ellos. Levanta su auto-estima, y ayúdalos a ser más que victoriosos en Cristo Jesús. Que ellos sepan que cuentan con tu confianza, tu amor y tu perdón.

Mi Hogar tiene un guía

"Pero quiero que sepáis que Cristo es la cabeza de todo varón, y el varón es la cabeza de la mujer, y Dios es la cabeza de Cristo." 1 Corintios 11:3

El problema es que también el diablo quiere ser cabeza y de una manera muy sutil ha distorsionado el diseño de Dios para la familia.

Desde siempre ha existido una lucha de poderes entre el bien y el mal. Pero el que tiene las ideas originales es Dios. El diablo solamente se encarga de copiar esas ideas y distorsionarlas. La idea que existe hoy en el mundo en referencia a los valores, la familia y el hogar, es una idea distorsionada del plan original de Dios para la humanidad. Tenemos que tener mucho cuidado en no repetir ese patrón en nuestras vidas. Por eso debemos instruirnos.

En el original en el griego existen dos palabras que significan *cabeza* pero no pueden ser usadas intercaladamente. Cada una de ellas significa algo muy diferente. La primera se refiere a un ἀρχή *(arje)*.

121

Este es un gobernante. Uno que gobierna. El hombre que lleva su casa bajo este principio es quien cree que él es quien gobierna a su esposa. El esposo cree que la mujer nació para ser gobernada. Entonces da órdenes desde un lugar seguro aunque no necesariamente él mismo tenga que cumplirlas. Este varón es el que cree que tiene gobierno soberano sobre su mujer. La segunda palabra es κεφαλή (Kefalé) Uno que es guerrero valiente y que tiene autoridad. Pero la autoridad no es dada para demandar o exigir, sino para guiar. Un κεφαλή no da órdenes desde un lugar seguro, sino que es quien va de primero en el campo de batalla guiando el camino. También nótese que el original NO dice que el hombre es la cabeza de toda mujer, sino que él es la cabeza de la mujer. Se refiere a ser cabeza de su propia esposa. En términos de orden, guía y autoridad espiritual, es el marido la cabeza, no la mujer. El problema es que muchos maridos no toman su rol de cabeza de hogar ni de sacerdote. Por eso la mujer usurpa la autoridad... por falta de una. Por eso, maridos: sean cabeza. Tomen su lugar. Actúen como KEFALES y no como ARJES.

La mujer no se va a sujetar voluntariamente a un marido como a un jefe. Se sujetará a un marido como a un guía y sacerdote espiritual. Cuando la esposa descubre la bendición del sujetarse, evita muchas situaciones de dolor e incertidumbre en su casa. La mujer sabia edifica su casa. La mujer prudente sirve de impulso para que su marido se desarrolle en el ámbito espiritual y natural. El problema en nuestra sociedad es que el patrón de comportamiento y estilo de vida es uno donde el machismo, o el feminismo prevalecen.

Mi Hogar está en amor verdadero

"Si.... Y no tengo amor, nada soy" 1 Corintios 13:1

El amor en el matrimonio tiene varias etapas y una de ellas es el amor romántico, basado en las emociones más vívidas y excitantes. Es el afecto profundo por el cual una persona se siente estrechamente vinculada al otro y obligada a rendir mucho. Este amor es el amor "ciego", donde se pasan por alto muchos errores y defectos. Sin embargo, es un amor pasajero. La sociedad nos vende la idea de que el verdadero amor es el amor romántico y que se siente bonito. Nos hacen creer que si tenemos que poner empeño en él, no es amor verdadero. La biblia nos enseña todo lo contrario. El amor verdadero no tiene nada que ver con las emociones sino más bien con nuestras decisiones.

Dios no desea que seas infeliz ni que vivas en angustia, estrés o desilusión. el estrés trae conflicto en la pareja y destruye la comunicación, la admiración, el afecto, la transparencia, la conversación, la intimidad, la compañía y el romanticismo. Dios quiere lo mejor para ti y está dispuesto a ayudarte. Dios creó el amor.

En la etapa del amor verdadero en la pareja, el respeto y el cuidado hacia el conyugue se ha incrementado y ocupa un lugar importante en nuestro orden de prioridades. Esta etapa es la etapa de la cosecha. Verás los frutos de un matrimonio estable y duradero. La mejor herencia que les puedas dejar a tus hijos, no es dinero ni educación. Lo mejor que puedes dejarle a tu descendencia es un matrimonio feliz.

Es muy difícil ser un buen padre si uno no tiene un buen matrimonio. Lo que ustedes quieran que sus hijos logren o alcancen en la vida dependerá de lo que ustedes como pareja hayan logrado. Si desea hijos exitosos, sea exitoso. Desea hijos prósperos y buenos administradores, sea un buen administrador.

Quiere que sus hijos tengan una moral intachable y que sean personas de bien y de principios, séalo usted primero. Esta etapa del amor de verdad, es posible y se puede lograr, pero hay un precio que pagar. No va a ocurrir de la noche a la mañana.

No se den por vencidos. Luchen con todas sus fuerzas, aunque a veces parezca difícil e imposible.

El amor verdadero del cual habla la palabra de Dios en general es el amor agápe. Este tipo de amor manifiesta ciertas características, que trataremos en los próximos días, comenzando por hoy. La primera característica de este amor es que es sufrido. Esta palabra no tiene nada que ver con un sufrimiento casi masoquista, del que nos habla el mundo. Su significado verdadero es profundo y penetrante. Este tipo de amor, dice la Biblia que es sufrido. En el original griego la palabra "sufrido" es makrothymeō: μακροθυμέω. Se refiere a un amor que no desmaya, sino que persevera pacientemente y con valentía durante los problemas y desgracias. Es aquel amor que soporta ofensas y heridas. Lento para la ira y la venganza. Lento en castigar.

Nuestros matrimonios y nuestras familias necesitan este ingrediente primordial. Cuan necesario es perseverar con valentía en medio de las situaciones oscuras que tratan de opacar el amor.

Dios nos está exhortando a obviar las ofensas y pasar por alto las heridas causadas en momentos de confusión. Hoy el Señor desea que eliminemos toda amargura y deseo de venganza de nuestro corazón. El quiere que dejemos de lado las represalias y la sed de castigo.

Dejemos que el Señor ponga en nosotros de Su amor y de Su misericordia. Que durante los momentos más difíciles, nuestro amor sea el apoyo, la fuerza y el faro que nos guíe a caminos de quietud y paz.

Capítulo Noveno

Cultive sus relaciones íntimas

Lo que los esposos deben saber para mejorar sus relaciones íntimas

Es importante para los matrimonios que tengan en cuenta los siguientes puntos que trataremos a continuación:

1- máximo placer sexual y orgasmo no son lo mismo. En el hombre el orgasmo es inevitable, pero en la mujer no siempre es la meta. Una mujer prefiere muchas veces máximo placer sexual, y no necesariamente necesita llegar al orgasmo para sentirse satisfecha.

2- Muchos hombres ignoran cómo las palabras de contenido sexual que escogen a la hora de la intimidad afectan enormemente a la mujer. Algunas palabras pueden ser sumamente ofensivas. A un hombre puede producirle excitación el hecho de escuchar términos sexuales, pero en el caso de la mujer, existen muchas otras palabras de mayor contenido que la pueden preparar para la actividad sexual de manera más efectiva.

3- En el área sexual es donde hombres y mujeres difieren más. Debido a los siguientes factores:
a) hormonas diferentes pasan por nuestras venas y por lo general hacen que los hombres estén más interesados en sexo casi todo el tiempo y que las mujeres estén potencialmente más emocionales durante el periodo premenstrual.

b) La tendencia de las mujeres y hombres de favorecer ciertos lados diferentes del cerebro conllevan a que las mujeres sean más comunicativas y utilicen el hablar mucho más que los hombres, y los varones tienden a tener más interés sexual.

c) Nuestros cuerpos son diferentes y responden diferentemente durante el sexo.

4- La expresión: "Tu me haces infeliz" es una frase manipuladora y tramposa. Nadie nos hace infelices. Nosotros mismos somos el reflejo de lo que ya somos. Haciendo felices a los demás, nos completamos a nosotros mismos. Si nos sentimos infelices es cuando debemos considerar cambiar nosotros mismos, en lugar de cambiar a los demás.

5- Se estima que una de cada tres parejas tienen problemas con respecto al sexo en su matrimonio.

Los problemas sexuales más comunes son: problemas de erección, eyaculación precoz, falta de deseo sexual, problemas de alcanzar el orgasmo en las mujeres, vaginismo, diferencias de deseo sexual.

6- No hay nada que demuestre que la mujer no tenga la capacidad física para responder sexualmente. Puede haber una disminución en el deseo sexual, pero hasta lo que ahora se sabe, todas las mujeres fueron creadas para responder sexualmente. Que una mujer no responda en ciertas ocasiones a los estímulos sexuales no quiere decir que sea "frígida".

No separe su vida espiritual de la sexual. En el sentido de que lo espiritual no elimina la atracción física. El sexo en el matrimonio es un maravilloso regalo para ser nutrido y disfrutado. Usted puede crecer conjuntamente con su pareja, fortaleciendo ambas áreas de manera conjunta. Estudie y conozca lo que Dios dice en Su palabra con respecto al sexo. Lea artículos relacionados con el sexo sano de manera periódica. Además, aprenda cómo deleitar a su cónyuge investigando de manera positiva las áreas que le interesan y cómo satisfacerlas.

El Cantar de los Cantares de Salomón, es un libro romántico y lleno de consejos a seguir con respecto a la vida intima de la pareja. Recuerde que su cónyuge tiene un punto de vista diferente con respecto al sexo. En el hombre esta área conforma un porcentaje más alto de expectativas que en la mujer. Infórmese al respecto, converse con su pareja y averigüe cuán elevado es su nivel de interés en cuanto a esto. Desarrolle una mejor comunicación en esta área. La mujer debe tratar de lucir bella, limpia y atractiva para su esposo.

En el hombre esta área es muy importante. El hombre se deja llevar más por la vista y se concentra en el acto sexual de manera más concreta mientras que la mujer está más orientada a una relación integral. Evalué su nivel de inhibiciones. Dios no desea que seamos inhibidos, sino que seamos capaces de tener una afirmación positiva con respecto al sexo.

Pídale a Dios que le revele las raíces de sus inhibiciones, sentimientos de culpa o disgusto con respecto al sexo. Pídale que le sane en su relación sexual para que pueda ser creativo y apasionado de una manera sana y positiva.

Enseñe a su pareja cómo encender la llama de la pasión en usted. Si el área de la comunicación y relación es muy importante, indíquele como cultivarlas con el fin de prepararle a usted en las relaciones íntimas. Muéstrele cómo cultivar el deseo sexual a través de las palabras y los hechos.

No espere que su cónyuge sepa todo y que siempre tome la iniciativa. Enséñele dónde y cómo acariciarle, bajo qué circunstancias y en qué ambientes. Recordemos que la mujer es distinta y que no siempre tiene que llegar a un orgasmo para sentirse satisfecha. La meta sexual en la mujer no es el orgasmo, sino la plenitud y llenura sexual. Entrénese a usted mismo en cómo deleitar a su pareja. Investigue lo que le agrada a el y lo que le apasiona. Para eso está la comunicación. El común acuerdo es importante, porque ninguno de los dos debe hacer cosas que no les traiga paz a ambos, o que involucren dolor físico o emocional.

Por otra parte, si usted está incómodo con algo, investigue los motivos del por qué y pida a Dios que le ayude a cambiar si es necesario. No permita el aburrimiento. Si usted no desarrolla la creatividad y se libera de la inhibición sexual, su pareja se aburrirá sexualmente y las tentaciones entrarán.

Existen muchas enseñanzas en contra del adulterio pero la iglesia no nos ha enseñado cómo prevenirlo. Una de las raíces del adulterio es la falta de cuidado, la falta de atención y comunicación en una de las dos partes. Entonces viene alguien más que llena de manera simple esos faltantes y se arruina por completo la relación de pareja.

El Amor Romántico

"¡Cuán hermosos son tus amores,
esposa mía!
¡Cuánto mejores que el vino tus amores,
y la fragancia de tus perfumes más
que toda especia aromática!"
Cantar de los Cantares 4:10

Los científicos han descubierto que no solo el corazón esta lleno de amor, sino que su cerebro también responde a ese amor porque esta inundado con neuroquimicos llenos de sensación como la: dopamina y la fenetilamina. Químicamente, se refiere a la versión natural del organismo humano de las anfetaminas.

Sin embargo, el efecto que tienen en el comportamiento es similar a la endorfina.

Estas drogas y neuroquímicos aumentan la energía, los sentimientos de bien, la perspectiva positiva, y disminuye el dolor. Aumentan el deseo sexual.

Este químico es lo que permite que usted se salte comidas y horas de sueño. También le permite sentirse seguro y calmado cuando se pone ansioso. Calma la depresión y le ayuda a tener mayor energía para ver las cosas positivamente.

Es por esa razón que pensamos que el causante de todos estos sentimientos es la otra persona, sin darnos cuenta que estamos actuando "bajo influencia" de este químico cuando nos "enamoramos".

La mayoría de las personas piensan que tienen que estar "enamoradas" para poder casarse, y que si no lo están entonces significa que esa relación no es idónea para ellos. Esto es un mito. Las parejas que basan su relación matrimonial solamente en sus emociones y sensaciones, están sentenciando el futuro de su matrimonio. Por esa razón, muchas parejas se divorcian antes del tercer año de haberse comprometido en matrimonio. Y muchos llegan a pensar "me equivoqué de pareja", "esta no es mi alma gemela", "Dios tiene a alguien mejor para mi". Todas estas aseveraciones son completamente FALSAS. Dios respeta la pareja que TU escogiste, y delante de Sus ojos, TU matrimonio es sagrado y no se puede deshacer.

La falta de "amor romántico" NO es una causal para un divorcio, pero si puede causar desánimo y frustración cuando la persona no entiende que el amor romántico es pasajero. Ese no es el verdadero amor.

En griego existe una palabra para el amor apasionado, desmedido y vivo. La palabra es: EROS. Este tipo de amor es un deseo apasionado y sin control. Es el enamoramiento. Es el tipo de amor del que la sociedad habla; pero no es el tipo de amor que Dios espera de nosotros. No aparece ni se menciona en la Biblia vinculado a la relación de pareja. Es el amor lujurioso, erótico y sin control.

Agabah y erao (hebreo y griego respectivamente) se refieren a un tipo de amor apasionado, descontrolado y meramente carnal. Es la mera atracción y amor emocional-carnal que sienten dos personas entre sí.

Estos sentimientos son muy comunes entre los jóvenes y suelen confundirse con el amor verdadero ya que nos incita a "hacer lo que sea" por la otra persona. El enamoramiento en sí no permanece, es decir, no es para siempre. Puede transformarse en desilusión si no logramos lo que deseamos, en este caso a la persona que pretendemos.

Padres de familia, enseñen a sus hijos el verdadero sentido del amor verdadero. El amor del que habla la palabra de Dios. Existe un mito que dice que una pareja debe estar enamorada para poder casarse. Esto es falso. Porque el amor erótico y romántico tiene una vida limitada. Tarde o temprano se extingue. Y si una pareja basa sus emociones solamente en este tipo de amor, su relación fracasará. Enseñen a sus hijos que cuando una pareja lo que siente es enamoramiento, la relación se convierte en una obsesión e incluso en un tormento.

Muchos jóvenes tienen una pareja y están enamorados pero, sin embargo, no pueden casarse todavía; ya sea por la edad o porque aun no terminan sus estudios o simplemente porque no están preparados económicamente.

Esto los coloca en una situación de estrés que la mayoría de las veces culmina con relaciones prematrimoniales y con embarazos no deseados. La palabra de Dios habla muy fuertemente en contra de las relaciones sexuales fuera del matrimonio. Las consecuencias son graves. Si usted, amigo o amiga que nos lee, está viviendo íntimamente con alguna persona y NO se ha casado, debe arrepentirse, volverse a Dios y ordenar su vida. Toda relación debe tener compromiso.

Debemos recordar que lo que agrada a Dios es aquello que genera compromiso. Esto es duro de aceptar hoy en día pero si se quiere seguir la voluntad de Dios en todo esto, hay que estar dispuestos a renunciar a nuestras propias prácticas y esquemas mentales.

Nuestra sociedad dice: "Cásate con aquella persona que amas". La palabra de Dios dice: "Ama, a aquella persona con quien te casas".

Nuestras emociones no deben guiarnos. Sino el Espíritu de Dios.

Para los casados: Continúen con el noviazgo después del casamiento. "Ante todo, tened entre vosotros ferviente amor; porque el amor cubrirá multitud de pecados" (1 Pedro 4:8). "Su marido también la alaba" (Proverbios 31:28) "La casada tiene cuidado de cómo agradar a su marido" (1 Corintios 7:34) "Amaos los unos a los otros en cuanto a honra, prefiriéndoos los unos a los otros" (Romanos 12:10). Reviva las cortesías propias del noviazgo durante la vida de casados. Un matrimonio de éxito no ocurre por arte de magia: debe desarrollarse. No dé por sentado el amor de su cónyuge: exprésolo o de otra manera, la monotonía destruirá el matrimonio. Ocúpese de que el amor crezca o de otra manera morirá y terminarán separándose. El amor y la felicidad no se encuentran procurándolos para Ud. mismo sino brindándolos a otros. Por eso, pasen tanto tiempo como sea posible haciendo cosas juntos, si se quieren llevar bien. Aprendan a saludarse con entusiasmo. Tomen momentos de descanso, coman, conversen y salgan a pasear juntos.

No descuiden las pequeñas cortesías, y los pequeños actos que puedan realizar para animarse el uno al otro y para demostrarse afecto.

Sorpréndanse mutuamente con pequeños regalos. Trate cada uno de sobrepasar el amor del otro. No retiren del matrimonio más de lo que depositan en él.

El divorcio en sí mismo no es el principal destructor del hogar, pero sí lo es la falta de amor y compromiso. Si se le da una oportunidad, el amor siempre triunfa.

Para los que piensan casarse: No se apresuren en la planificación de la boda. Tómense su tiempo para disfrutar de su compromiso antes de empezar a planear nada. Hablen sobre lo que ambos desean para la boda - es importante incluir al novio. No tomen ninguna decisión por impulso, incluso si se siente como que es la decisión correcta. Comenten Su Visión Juntos y decidan qué es lo más importante. Un matrimonio es mucho más importante que una boda. Hagan su presupuesto inicial, incluida una lista de las cosas que son más importantes para usted para su boda. Decida lo que podría estar dispuesto a dejar ir.

Creen plazos para cada objetivo. Deje todo reservado, comprado y armado al menos tres meses antes de su boda, si es posible. Encuentre el equilibrio adecuado y asegúrese de que las personas con las que ambos piden ser parte de su día están dispuestos a ayudar cuando los necesite. Además, tome tiempo para relajarse con su futuro cónyuge; tal vez un par de días a la semana, y evitar hablar de cosas relacionados con la boda. Disfrute del tiempo que tienen juntos. Piensen en el panorama y no pierdan de vista el verdadero propósito de la jornada. Se trata de la persona que amas - todo lo demás es menos importante. No haga caso de los detractores ni de las personas negativas. Recuerde que ese día es acerca de su relación. Comience a construir una base sólida para su matrimonio ahora, incluso antes de casarse.

Para los recién casados: Evite el supuesto de que hay una manera correcta de hacer las cosas. A medida que se conviertan en una unidad, los dos estarán trayendo sus propias , tradiciones y hábitos. Ustedes crearán sus propias tradiciones y nuevas formas de hacer las cosas.

Diviértanse. Mientras eran novios la diversión era parte del plan. El hecho de que usted ha hecho un compromiso serio de matrimonio no significa que su relación tiene que ser demasiado seria. La risa es una de las mejores herramientas que puede utilizar para construir un matrimonio sano y duradero.

Escriba sus acuerdos. Esto puede ser muy útil ya que está aprendiendo nuevas tradiciones y a fusionar sus valores.

Sean agradecidos. Tu pareja te eligió voluntariamente. Saboree y aprecie este hecho.

Sea Flexible. Una de las grandes máximas que hemos oído es esta: "¿Quieres tener la razón o quieres estar casado?" Aprender a dejar ir las cosas pequeñas, es muy importante. Olvídate de la última palabra. La persona que llega a decir la última palabra termina por lo general solitario en una habitación.

Importancia de las relaciones sexuales: Las relaciones son consideradas sagradas dentro del marco matrimonial. Dios creo el sexo para que la pareja se deleitara en El.

Incluso, hasta el día de hoy en el judaísmo, se considera mitzvá (mandamiento) mantener relaciones sexuales con el cónyuge durante el Shabat, (día de descanso) con la condición de que la mujer no esté experimentando nidá (período menstrual).

El sexo en el matrimonio no es solamente necesario, sino que es una bendición. Las relaciones sexuales y el lecho sin mancilla son bendecidos por Dios.

Hebreos 13:4 dice: "Honrosos sea en todos el matrimonio y el lecho sin mancilla; pero a los fornicarios y a los adúlteros los juzgará Dios."

Génesis 2:24 muestra que el sexo no fue un resultado de la caída del hombre sino que fue bendecido por Dios antes de que el hombre pecara. Dios, después de bendecirles, les dijo: *"sean fructíferos y multiplíquense".*

Por supuesto que el sexo no lo es todo. Es solo el aderezo de una buena cena. El matrimonio está fundado sobre bases importantes de lealtad, amor, seguridad y perdón. El sexo es algo vital en el matrimonio. Sin sexo, ustedes son solamente compañeros de cuarto. El sexo es algo que se comparte solo y exclusivamente con su cónyuge. Claro, esto varía de persona a persona. Los esposos deben orar juntos, respetarse, comunicarse, tenerse confianza. Es una unión espiritual maravillosa que debe ser cuidada. El sexo es solo una parte, muy importante por cierto, de todos esos ingredientes.

Una cosa es "tener sexo" y otra muy diferente "tener intimidad". Tener sexo involucra a dos personas buscando su propia satisfacción. El sexo es el alivio temporal de una necesidad superficial. Pero la intimidad es compartir lo más privado del uno con el otro. Es estar cerca de tu cónyuge de manera física, emocional, espiritual. Intimidad es hablar de todo y escucharlo todo. Es desarrollar una amistad cercana y cálida con tu esposo-a.

Es durante la intimidad que cada uno puede ser sincero con el otro y pueden ser capaces de pedir, recibir y dar sexualmente, lo que el otro necesita.

Es la intimidad la que crea pasión y conexión. Necesitas desarrollar intimidad en tu relación. Eso cultivará el área sexual.

En lugar de aprender técnicas para incrementar el sexo en su vida matrimonial, usted debe desarrollar técnicas de comunicación para saber cómo realmente hablar con respecto al sexo. Cómo realizar las preguntas correctas. También usted tiene que desarrollar el arte de escuchar. Cuando se escuchan el uno al otro, la intimidad crece, la comunicación se fortalece y la identidad como pareja se establece.

Para los esposos: Traten a sus esposas de manera tierna, amable. La mayoría de las esposas no se sienten amadas. Si usted es propenso a la crítica, el sarcasmo, comentarios negativos o si simplemente no le da suficiente validación positiva, esto podría ser una gran parte del problema. La mujer necesita sentirse valorada, amada, querida. Necesita sentir que usted se siente afortunado de estar casado con ella. También necesita reconocimiento de las cosas que hace. Conviértase en un ser atractivo para ella, en todas las áreas. Cuide su aspecto físico, su vida espiritual, y su vida profesional. Sea un buen protector y proveedor. Sea generoso con ella. Ayúdele en las tareas domesticas, y con los niños. Procure que ella tenga periodos de descanso de calidad. Las mujeres deben sentirse que están en un terreno emocionalmente seguro. Que pueden confiar. Aprenda más sobre como ser un líder. Sea una cabeza sana. Un guía sano. Alguien que sabe para donde va y que es digno de confiar y seguir.

Ante todo, huya de la pornografía. Esta dañará su matrimonio. Creará expectativas poco realistas y se activarán temores de imagen corporal y sentimientos de traición.

Para las esposas: Sean respetuosas y admiradoras de sus maridos. Sean la porrista número uno de su esposo. Aliéntelo, anímelo, apóyelo. Ser más tolerante y aprenda a perdonar. Dele una oportunidad a su esposo de cambiar y ser la persona que usted desea.

Sea sabia. Cuide lo que habla y cómo habla. Sea más generosa. De vez en cuando propicie usted el sexo. Que sea usted quien lo busque a él. Recuerde que el hombre no sólo quiere sexo...sino que el hombre necesita el sexo. Así lo creó Dios. Para esto tendrá que hacer tiempo y energía para dar a su cónyuge si quiere un matrimonio que dure y un marido que la cuide.

Trabaje en su autoestima. Si tiene problemas con su imagen corporal o en general, saque un tiempo para ser sanada y restaurada. La mayoría de las mujeres sufren mucho de sentimientos de insuficiencia, y estos sentimientos deben ser reparados si quiere un matrimonio saludable.

Aprenda a comunicarse mejor. Pídale a su marido exactamente qué hacer, dónde y cuándo. Usted es la mejor maestra para el. Sea franca, honesta y amable.

Cuide su imagen corporal y a la vez cuide su aspecto físico. Son dos cosas distintas. Una es la imagen que cada uno tiene de si mismo, otra es la realidad. Visite al médico; existen desequilibrios hormonales y medicamentos que pueden afectar negativamente la libido.

Para Ambos

1. Hablen con frecuencia y honestamente entre sí, acerca de sus frustraciones, sobre la ira, sobre la decepción, sobre su apreciación del otro, sobre el sexo, sobre el significado de la vida, hablen de todo.

2. Procuren trabajar juntos para resolver cualquier cosa que venga en contra de ustedes. Sean un equipo, una asociación. No busque culpables ni crea saber quién está bien o mal. Concéntrese en lo que va a resolver. Enfóquese en buscar la solución del problema.

3. Mantenga conexión a través de la comunicación, sexo de calidad, afecto, la comprensión y la preocupación por los demás.

4. Tenga sentido del humor; dense el beneficio de la duda, y cuiden el uno del otro.

5. Unifiquen sus fuerzas en encontrar el propósito que ambos tienen como pareja. Tengan visión. Pónganse metas.

Bibliografía

Benner, Jeff A. Lenguaje de Hebreo Bíblico Antiguo de la Biblia

Biblia Reina-Valera revision 1995 Study edition. United Biblical Society (Spanish version)

Britannica Encyclopedia, INC 1997

Carly Wickell, Regalos de Aniversario Tradicionales

De Urbina, Jose M Pabon S. Diccionario Griego clásico – español 19va Edicion, 2006

La Cueva, Francisco. Nuevo Testamento Interlineal Español-griego Editorial CLIE, 1984

Liddell, Henry George. Robert Scott. A Greek-English Lexicon. revised and augmented throughout by. Sir Henry Stuart Jones. with the assistance of. Roderick McKenzie. Oxford. Clarendon Press. 1940.

Pabon de Urbina, Jose Greek-Hebrew-Spanish-English Manual Dictionary VOX 1991

Paiva Parraguez, Jorge. Monografía sobre la Personalidad

Strong, James, Strong's Dictionary *Complete Dictionary- Strong Bible Words* LL.D SS.T.D 1996

Wayne Grudem, "Significado de kefale ("cabeza") fuente o "autoridad" en la literatura griega? A Survey of 2,336 Examples," Trinity Journal ns 6.1 (Spring 1985): 38-59.

Para mayor información con respecto
al ministerio
Libres en Cristo Internacional
(Free in Christ Ministries International)

por favor póngase en contacto con :
Jorge y Lorena Gamboa
"de pareja a pareja"
www.deparejaapareja.com

Para invitaciones a actividades de matrimonios
y de familia por favor comuníquese al:
713-469-5920

O escribanos a: deparejaapareja@yahoo.com

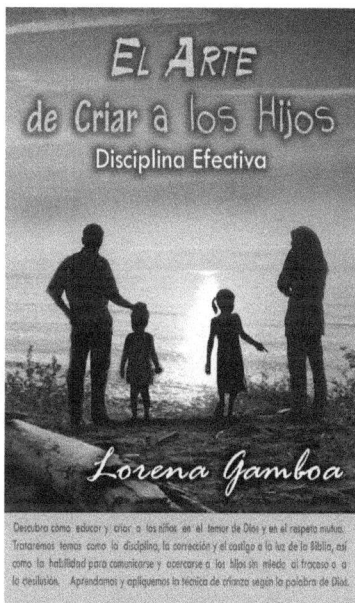

EL ARTE
de Criar a los Hijos
Disciplina Efectiva

Lorena Gamboa

Descubra cómo educar y criar a los niños en el temor de Dios y en el respeto mutuo. Trataremos temas como la disciplina, la corrección y el castigo a la luz de la Biblia, así como la habilidad para comunicarse y acercarse a los hijos sin miedo al fracaso o a la desilusión. Aprendamos y apliquemos la técnica de crianza según la palabra de Dios.

"EL Arte de Criar a los Hijos".
ISBN: 978-0-9824981-3-2
Sabia usted que según la Biblia hay una técnica especifica para criar hijos obedientes? Sabía que en el original hebreo y griego se nos dice hasta las edades y como tratar con cada una? y que de la vara? sabia que era solo para un tipo de hijo?

Cómo lograr la obediencia en los hijos? Mi hijo es hiperactivo... mi hijo no obedece...que hacer?

Realmente dijo Pablo que las mujeres no predicaran ni hablaran en la congregación? A quienes les estaba hablando? Por qué Pablo utilizo la prohibición: Yo no permito a la mujer enseñar al hombre? Que significa "usurpar autoridad" en el griego koiné antiguo? Puede la mujer enseñar? Y que del uso del velo? Y por otro lado, quien es la cabeza? Y que es ser cabeza? Puede la mujer ser cabeza? Todas estas preguntas fueron cubiertas de una manera seria y apegada a la palabra de Dios
ISBN: 978-0-9824981-4-9

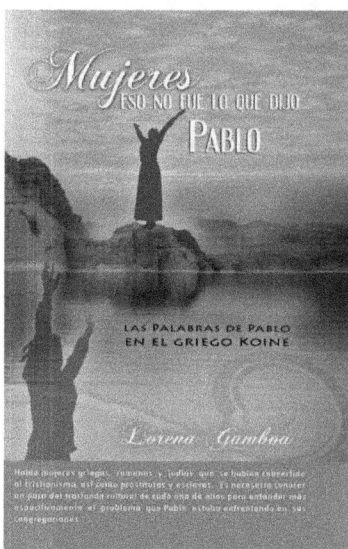

Mujeres
ESO NO FUE LO QUE DIJO
PABLO

LAS PALABRAS DE PABLO
EN EL GRIEGO KOINE

Lorena Gamboa

Había mujeres griegas, romanas y judías que se habían convertido al cristianismo así como prostitutas y esclavas. Es necesario conocer un poco del trasfondo cultural de cada una de ellas para entender más específicamente el problema que Pablo estaba enfrentando en sus congregaciones.

Otros libros disponibles

Esta historia es verdadera y es una historia de amor y de lucha. De perdón y de nuevos comienzos.
Cuando uno le da la oportunidad a Dios de tocar nuestras vidas con Su amor y el Poder de Su Presencia, todo cambia alrededor. Si alguna vez te has sentido deprimido, abandonado, herido y maltratado, esta historia puede ayudarte a conocer a Aquel que quiere cambiar tu vida por completo...

© 2009 "Por el poder de Su presencia"
ISBN # 978-0-9824981-0-1

© 2009 "Como ser un José de este siglo"
ISBN # 978-09824981-2-5

Este libro consta de 10 capítulos ricamente desglosados y fundamentados con mas de 15 fuentes seculares y papiros egipcios que reafirman la existencia de José, el hijo de Jacob. Es un análisis exhaustivo de la historia de José con aplicaciones actuales útiles para la familia y la crianza de los hijos.

Un libro que no puede faltar en tu biblioteca personal.

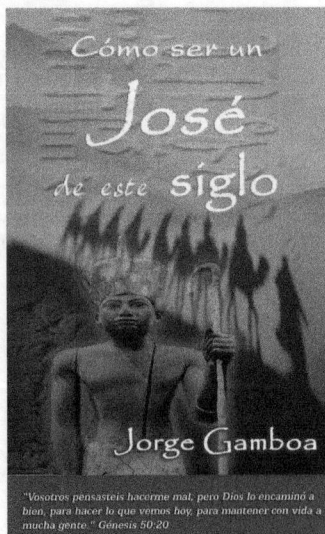

"Vosotros pensasteis hacerme mal, pero Dios lo encaminó a bien, para hacer lo que vemos hoy, para mantener con vida a mucha gente." Génesis 50:20

Otros libros disponibles

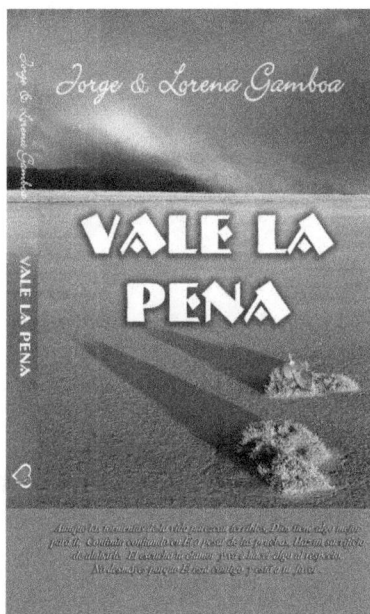

Siempre habrá tormentas, y tornados en nuestra vida. Por eso hay que hacer un plan de emergencia para poder sobrevivir a esos eventos dramáticos. La tormenta no es lo importante, sino nuestra reacción en medio de la prueba. La tormenta no es lo que generalmente nos destruye sino lo que viene después. ¿Cómo te preparas para esas situaciones de desastre en tu vida? Hemos plasmado 21 años de vida matrimonial en este libro y definitivamente VALE LA PENA continuar hacia la meta que una vez nos trazamos como matrimonio. Te animamos a hacer lo mismo.

ISBN13: 978-0-9824981-1-8

Únete a nuestra Red Matrimonial!
www.deparejaapareja.org

www.ingramcontent.com/pod-product-compliance
Lightning Source LLC
LaVergne TN
LVHW021342080426
835508LV00020B/2086